（新装版）

横断する知性

—アメリカ最大の思想家・歴史家　ヘンリー・アダムズ—

岡本正明

ヘンリー・アダムズ『ジェファソン、マディソン政権下のアメリカ史』
（スクリブナーズ、1889－1891、初版本）（著者撮影）。

英宝社

1. ヘンリー・アダムズの墓。ブロンズ像は、彫刻家セント・ゴードンズ作。アダムズの妻マリアンも、ここに眠っている（著者撮影）。

2. ワシントン D.C. の「ジェファソン・メモリアル」の内部に立っているジェファソン像。ジェファソンは、アダムズの『アメリカ史』の前半部の主役である（著者撮影）。

3. ホワイトハウスのすぐ手前に位置している、アンドリュー・ジャクソン像。この像は、1812年戦争でスペイン軍から奪った大砲を溶かしてつくったものである。ジャクソンは、アダムズの『アメリカ史』の戦史の部分における主役の一人である。（著者撮影）。

4. ワシントン D.C. のシンボルである「ワシントン・モニュメント」。後半生の大部分を、ワシントン D.C. で暮らしたアダムズは、散策のたびにこうした風景を見ていたと思われる（著者撮影）。

5. ホワイトハウス。アダムズの自宅に面したラファイエット広場とは反対の方角から見た光景。白亜の建物が、花壇や噴水と調和して、とりわけ美しい（著者撮影）。

6. アダムズの住んでいた建物（現在「ヘイ・アダムズ・ホテル」と呼ばれる）から見た光景。アンドリュー・ジャクソン像、ホワイトハウス、ワシントン・モニュメントが重なって見える（著者撮影）。

7. モン・サン・ミシェルの遠景。陸地側からの眺め（著者撮影）。

8. モン・サン・ミシェルの近景。中央の尖塔の先に、黄金の大天使ミカエル像が据えられている（著者撮影）。

9. シャルトル大聖堂を西側から見た光景。高さと様式の異なる二つの塔が特徴的である（著者撮影）。

10. シャルトル大聖堂の西側ファサード（正面）。ここには、三つの扉口（左、中央、右）がある（著者撮影）

11. シャルトル大聖堂西側正面の右扉口上部の拡大図。キリストを抱くマリアの座像が刻まれている（著者撮影）。

12. シャルトル大聖堂北袖廊の中央扉口の中央柱に立つアンナ像。マリアの母アンナが幼きマリアを抱いている（著者撮影）。

13. シャルトル大聖堂西側正面の右扉口上部（キリストを抱くマリア像のすぐ下）に刻まれた、「床につくマリア」の図像（著者撮影）。

14. シャルトル大聖堂の（内部から見た）バラ窓。【写真 9】に写っているのは、外側から見たバラ窓（著者撮影）。

15. シャルトル大聖堂の「ラビリントス（迷路）」（著者撮影）。

16. ボーヴェ大聖堂（サン・ピエール大聖堂）の遠景。これで未完成というのだから、もし完成していれば、その巨大さは想像を絶するものになったであろう（著者撮影）。

17. ボーヴェ大聖堂の内部の構造。内部から見ても、この大聖堂がいかに巨大な建造物かがわかる（天井の高さは地上約 50 メートル）（著者撮影）。

18. ボーヴェ大聖堂をすぐ下から見上げた光景。天を目指すような、荘厳な印象を与える（著者撮影）。

19. ボーヴェ大聖堂のステンドグラス（ランセット〔高窓〕）（著者撮影）。

20.ボーヴェ大聖堂の近景。この最大級のゴシック大聖堂の、巨大な骨格が示されており、その重量感が伝わってくる（著者撮影）。

目次

横断する知性

――アメリカ最大の思想家・歴史家　ヘンリー・アダムズ――

序論　ヘンリー・アダムズの現代性

一　横断する知性

横断ということ。といっても、空間的な意味での横断ではありません。知的なレベルでの「横断」。高度に専門化し細分化した学問、芸術の諸領域を自由自在に駆け抜け、それらを再統合していくこと。とりわけ一九六〇年代以降、この「横断」という方法は、自己閉鎖的で（「タコツボ化」して）活気を失った諸領域に再び活力をとり戻すうえで重要視されるようになってきました。このような意味における「横断」という言葉の生みの親であるミシェル・セールは、次のように言っております。

両科学（＝精密科学と人文科学）のあいだの断絶、それは街路、庭、学校の広場だ。そこを横断できないとは考えられない。（寺田光徳訳『火、そして霧の中の信号―ゾラ』）

「横断」の生みの親セールは、両科学の断絶ばかりでなく、ありとあらゆる知的断層を「横断」してゆく現代における最も自由な知性であります。このセールに体現される「横断」という方法論《メソドロジー》。それは現在ますます顕在化し、一般化しつつあります。浅田彰、中沢新一はこのような「横断」的知性の代表格といえましょう。また、現在「横断」的知性が次々にあらわれているばかりでなく、過去の「横断」的知性の読み直しもさかんに行われているようです（たとえば神話のベールに長い間つつまれてきた知的怪物、南方熊楠）。

右に述べたような「横断」という方法論《メソドロジー》が一般化し、市民権を得つつある現代に立って、ヘンリー・アダムズを読み直してみることにしましょう。するとどうでしょう。彼が今から百年ほど前に、すでにこの「横断」という方法を自由自在に駆使していたことがはっきりとわかってきます。たとえば、フランス中世史『モン・サン・ミシェルとシャルトル』（一九一三）。そこでは、アダムズは建築から出発し、美術、文学、哲学、神学、政治などあらゆる領域を「横断」し、それらに共通する「構造」を抽出してみせます。なかでも、十三世紀のゴシック教会の造りと、トマス・アクィナスの神学、哲学体系を重ね合わせつつ、両者に共通の「構造」を浮かびあがらせるところに、「横断」という方法の有効性はあざやかに示されています。また、『民主主義的教義の堕落』に収められた論文「歴史に応用されたフェーズの法則（一九〇九）」の中では、熱力学の法則（いわゆるフェーズの法則）を歴史学に応用しております。つまり、物理学と歴史学のあいだを「横断」しているのです。『ヘンリー・アダムズの教育』（一九一八）も例外ではありません。これは、一人の「横断」的知性の思想的冒険であるといってもいい作品です。アダムズはここで、十九世紀から二十世紀にかけての物理学、化学における革命的な成果をふまえつつ、ニュートン力学に基礎をおきラプラスによって強化された機械論的因果律を根底から疑い（特に原子論、気体の分子運動論をふまえて）、また、すべての社会的、文化的、心的現象を、「力」の場として解釈しなおすという大胆な試みを行っております。アダムズは、同時代の科学へと「横断」することにより、新しい時代の現実に合った新しいモデルをつくり出すという知的組み換え作業を行っているのです。

では、このような「横断」的知性であるアダムズの、これら三つの著作および論文（というよりも、三通の「遺言状」と言うべきもの）に記された思想とは、具体的にはいかなるものなのでしょうか。それについて、次に述べなくてはなりません。が、残念ながら、それらすべてについて隈なく論じることは序論では紙数に限りがあり不可能です。ここでは、その中からほんの一部、それも重要な部分のみを選んで、その現代性を明らかにしようと思います。まずはじめに、『ヘンリー・アダムズの教育』（以下『教育』と略記）という「遺言状」を開いてみることにしましょう。

二　はじめに「力」ありき

十九世紀の物理学には、一つの新しい理論が登場します。それは「場」の理論であります。すでに十八世紀にこの考え方は、すべての現象を力の「場」としてとらえたボスコヴィッチに見いだされますが、十九世紀になると、この「場」のダイナミカルな力学は、ファラデー、マックスウェルらに代表される電磁場論の発展と共に発達し、人々の間に広く知られるようになるのです。アダムズもこの「場」の理論に深い関心をもっていたと思われます。それは、『教育』にファラデー、マックスウェルについての言及がしばしばみられること、磁石、エーテルについて何度も言及されていることから明らかです。また、彼は自分の理論を「ダイナミックな理論」と呼んでいますが、この「ダイナミックな理論」においてアダムズは、「場」の理論と同様、すべての現象を「力」の作用する「場」として見ることになります。

アダムズは人間（の精神）を「磁石」にたとえています。そして、それは、他の諸力を引きつけてゆく一つの「力《フォース》」であると定義します。（「人間のはたらきは、他の諸々の力をちょうど食物のように同化してゆくことであった。」）人間は、もともとは自然の中の微力な存在でありましたが、彼が記憶という能力を身につけると同時に外部の諸力の「同化」（主に道具として）がはじまり、人間（の精神）は自らの力の範囲を拡大し複雑なものとなってゆくとアダムズは言うのです。アダムズによると、人間（の精神）という「力《フォース》」は、自然の諸力ばかりでなく、言語、テクノロジーなどさまざまな「力」を「同化」することで複雑化してゆくということです。

このような「ダイナミックな理論」は、長きにわたって西洋の形而上学を支配してきた主―客の二元論、閉じた実体としての精神という考え方とは無縁であります。アダムズにとり、精神は開放された「力」であり、外部の諸力と連結した機械のようなものなのです。それは、歴史と共に質的に変化してゆく点で、アプリオリなものではありません。人間の精神は他の諸力とリゾーム状にからみあった錯綜体なのです。このような精神のダイナミックなモデルは、コンピューターをはじめさまざまな「力」が生み出され、それを「同化」してゆく人間の精神がめまぐるしく変化しつつある現代において、ますます有効なものとなっているのではないでしょうか。

ここでは、アダムズの「力」を軸としたダイナミックな理論のうち、「精神の発達論」について触れましたが、そればかりでなく、彼は、「力」の作用する「場」という理論を、メタフォリックなレベルであらゆる構造、現象に当てはめています。たとえば歴史という構造は、諸力によってねじ曲げられ、寸断されることで出来上がっていると言い、宗教という現象は、人間の「力」に対する憧憬と、理解不能な自然の諸力を或る象徴にコード化する行為によって成り立つと言っています。アダムズのモデルとは、このように、すべての現象、構造を「力」の関係として、「力」の所産としてみるものなのです。その第一原理は、「はじめに『力』ありき」なのです。

三　建築の歴史、もしくは歴史という建築

旅行案内、あるいは、中世建築史。あるいは、イコノロジー、観念史、歴史哲学。アダムズの『モン・サン・ミシェルとシャルトル』は、非常に多面的な作品であります。

まず読者は、さまざまな教会建築を巡礼のように訪ね回ることになります。そしてわれわれの前には、ロマネスク様式からゴシック様式へとうつりゆく中世の建築史が繰り広げられます。が、この作品は、そのような中世建築史にとどまっていません。アダムズは建築を通して歴史（あるいは時間）の構造を語ろうとしているからです。すなわち、建築を歴史のメタファーとしてとらえようとしているのです。それは具体的にはどういうことでしょうか。教会の中に入ってみましょう。すると一つの教会の中にさまざまな時間が共存し、層をなしているのが見て取れます。たとえば、アダムズはモン・サン・ミシェルについて次のように述べております。

一〇五八年に造られたロマネスク様式のアーチのむこうに、あなたは一五二一年に完成したゴシック時代最後の活気あふれる聖歌隊席を見ることができる。

このように複数の時間が同時的に共存している状態。それをアダムズは歴史といいたいのです。彼は、「歴史とは忘れられたもののカタログである」とこの作品の中で言いはなっておりますが、それは、歴史とは、様々な過去の時間を一箇所に集めているテクスト、いつでも忘れているものを呼びおこすことができるテクストである、とも言いかえられるでしょう。アダムズにとって、教会の建築は、そのような層をなす多様な歴史的時間のメタファーなのであります。

このような時間観念は、アダムズの歴史記述（historiography）そのものに示されております。彼は、決して直線的な歴史の記述方法をとらず、十一世紀と十三世紀の間を、時にはそれらの時代の前後数百年を自由に行きつ戻りつしつつ、歴史を書いてゆきます。これは、十九世紀において支配的であった直線的な歴史の記述方法とは全く異なるものです。それはむしろ、二十世紀後半、リュシアン・フェーヴル、ブローデルらを通じて一般化したアナール派の方法に近いといえましょう。このようなアナール派とアダムズの歴史記述法の親近性は他にもあります。その一つとしては、パラダイム・ヒストリーとしての特性があげられると思います。

アナール派は、できるかぎり具体的な細部にこだわりつつ、そこから普遍的な枠組を抽出するという帰納的な方法をとりますが、アダムズも、教会建築の細部に執拗にこだわりつつ、その細部にしみわたっているある普遍的な相を見いだしてゆくのです。彼は、十一世紀と十二世紀の間にメンタリティーのレベルで或る断層が生じていることを見いだしております。それは、十一世紀には男性原理が支配的であるが、十二世紀には女性原理が支配的であったという点であります。その際彼は、これら異なるメンタリティーをよりはっきりと浮かびあがらせるために、建築ばかりでなく、美術、文学、政治、社会などあらゆる領域を「横断」しているのです。これは、アナール派ばかりでなく、二十世紀にさかんになったラヴジョイ、ホワイトヘッドらの観念史、ワイリー・サイファーの美術を中心にしたパラダイム・ヒストリーを先取りした、きわめて現代的な歴史記述の方法であると言わねばなりません。それは同時に、十九世紀的な、連続性に重きを置く歴史哲学を暗に批判する方法であったと言えましょう。

『モン・サン・ミシェルとシャルトル』は、このような歴史（あるいは歴史記述）の多元性、不連続性を唱えている点できわめて二十世紀的ですが、それだけがこの作品の魅力なのではありません。魅力は細部にあります。たとえば、十二世紀のマリア崇拝という宗教的現象の背後には、十二世紀には実際女性が強かったという社会的現実があったということとか、アベラールをロマンスの主人公ではなく、デカルトに通ずる哲学者として読みなおすという斬新な試みなど、魅力は尽きることがありません。

さて、アダムズの「遺言状」も最後、三通目を開く段になりました。

四　見果てぬ夢

「歴史に応用されたフェーズの法則」では、アダムズは歴史と熱力学の間を「横断」しています。フェーズとは、たとえば、水でいうと、氷→水→水蒸気といったふうに条件の変化によって物質が示す変化の相を意味します。アダムズは、歴史にもこのような相《フェーズ》から相《フェーズ》へ移るときのような急激な変化がみられるのではないかと推論します。彼はさらにこれを思想史に応用し、同一の相の中では人間の思考の様式はほとんど変わらないが、相と相の間では人間の思考様式は一八〇度転換すると断言します。

このような歴史観は、現代のわれわれにとっては、パラダイムの転換、エピステーメーの変遷というごくあたりまえの歴史観とうつりますが、この論文が今から百年以上も前に書かれたということを考えると、きわめて洞察に富んだ先駆的な歴史観といえると思います。

アダムズは、右のようなパラダイム・ヒストリーについて粗描はしましたが、実際に完成されたものとしては、『モン・サン・ミシェルとシャルトル』があるのみです。アダムズの手がけようとしていた壮大なパラダイム・ヒストリー、それは、彼の見果てぬ夢だったのです。

しかしながら、これは単なる夢として終わることはありませんでした。なぜなら、アダムズの死後、次々に体系的なパラダイム・ヒストリーが書かれるようになるからです。

*

以上が、ヘンリー・アダムズの世界の、ごく簡単な「見取図」であります。つづく以下の小論においては、さらに、その具体的な様相について、詳しく述べてゆきたいと思っています。

まずは、アダムズの世界への「第一の扉《ポータル》」を開くことにしましょう。

第一部　横断する知性

はじめに

本書の第一部は、ヘンリー・アダムズにおける「歴史」の問題を中心的なテーマとするものである。彼の歴史哲学、および歴史記述（の方法）に光をあてようとする試みである。それと同時に、歴史家アダムズを今日的観点から読み直すことにより、彼の現代性を明らかにし、ひいては、新しいアダムズ像を描き出すことを意図している。

考察の対象となるテクストとしては、『アメリカ史』、『モン・サン・ミシェルとシャルトル』、『ヘンリー・アダムズの教育』という三つの作品をとりあげるつもりである。以下の各章においては、それぞれの作品について精密な読みが行なわれるはずである。

第一章　重ね書きされた羊皮紙——アダムズの『アメリカ史』を読む

政治学の物語から物語の政治学へ。

これからヘンリー・アダムズの『アメリカ史』（*History of the United States of America during the Administrations of Jefferson and Madison*, 1889-91）を読み解くにあたり、まずはこれを指針としよう。

《政治学の物語から……》。そう、これまでの『アメリカ史』の読みは、もっぱらそれを政治（学）について書かれた物語とみなす傾向が強かったように思われる。政治（学）について何が書かれているか、ということのみが問題にされてきたのである。が、「いかに書かれているか」という角度からこの作品が論じられるということはほとんどなかった。『アメリカ史』における語りの非人称性と読者の役割に言及したスーザン・L・ミズルーチ[1]、この作品における「アイロニー」の様式について論じたロイス・ヒューソンの研究[2]など、そのような角度から作品に光を当てた研究はごく少数である。それゆえに、作品の思想性が明らかになった反面、その文学性はいっこうに明らかにされることがなかったのである。

この批評的空白を埋めるためには、われわれは百八十度方向転換する必要がある。すなわち、《……物語の政治学へ》。言いかえるなら、『アメリカ史』という物語が、いかなる戦略、方法論によって書かれているか、ということに目を転じなくてはならないということである。

本章は、そのような方向性に沿って『アメリカ史』を読み解こうとするささやかな試みである。幸い、このような方向づけでこの作品を読むにあたり、われわれはすでにある程度の理論的枠組を与えられている。それは、アーサー・C・ダント、ヘイドン・ホワイトら歴史の物語学派が、「歴史的想像力」を分析するに際しての概念的枠組をわれわれに提供してくれているということである。以下の『アメリカ史』の読みにおいては、いちいち言及することはないが、それらの枠組が少なからず資するところがあったことを、ここで述べておきたい。

(一) 歴史叙述(Historiography)の歴史における『アメリカ史』

まず始めに、『アメリカ史』の歴史叙述(historiography)を史学史的コンテクストにおいてとらえてみよう。

アメリカでは、一八八〇年代に職業としての歴史家が出現するまで、バンクロフト、パークマンらロマン主義的歴史家が強い影響力をふるっていた。一八八〇年代に書かれたアダムズの『アメリカ史』は、これらロマン主義的歴史家に特徴的な、人物のドラマチックな描写(特に、政治家の倫理的行為と軍人の英雄的行為の描写)を手法として受け継いでいる。しかしながらアダムズは、彼らの歴史叙述の理念的枠組である「民主主義のロマンス」[3]に対しては懐疑的であった。建国者たちの唱えた「高潔な共和制」(デヴィッド・ノーブル)[4]の理念に対しては、それをバンクロフトのようには讃えずに、批判的な態度をとっている。彼の『アメリカ史』は、ジェファソンの唱えた「高潔な共和制」が、アメリカ社会の現実において不可能な夢であることを実証した書なのである。

またアダムズは、啓蒙主義的な歴史叙述に特徴的なプラグマティックな方法（現代にとって意味、価値をもつ過去のみに光を当てる方法）、あるいは同じく啓蒙主義的な進歩的歴史観（たとえばギボンのように、現代の過去に対する優位性を示す方法）もとらない。彼が『アメリカ史』を書くにあたり、もっとも影響を受けているのは、学問性を重視する「実証主義」である。とりわけ、ランケが十九世紀のはじめに確立した、公文書史料に基づく学問的歴史学である。

ランケが始めたこの新しい方法は、一八六〇年代、学者に対し政府の公文書館が開放されて以来、大いに発展することになり、「ヨーロッパの、それぞれの首都にある公文書館から誕生した新しい歴史学は、今や、ほぼ全エネルギーを政府の動きに集中し、政府の視点から出来事を眺めるようになってきた。[5]」そして遂に、政治史が勝利をおさめるようになる。これと時を同じくして歴史家として歩み始めたアダムズは、このようなヨーロッパの近代歴史学に強い影響を受けるのである。そして、『アメリカ史』という、公文書（とりわけ外交文書）を基にした浩瀚な政治史を書き上げることになるのである。[6]

しかしながらアダムズは、このように実証主義的な歴史学に方法論の多くを負っているとはいえ、それに顕著な客観主義（過去が客観的に認識可能であるという考え方）をも同時に受け入れたわけではなかった。ランケのごとく、過去を「本来あったがままに」（"wie es eigentlich gewesen ist"）甦らせようとする志向性は、確かに、公文書をはじめとする史料に基づくアダムズの実証的なアプローチの仕方自体に見いだされるが、彼が過去の出来事（の意味）を所与のものとして、客観性を有したものとして受け入れているわけではない。なぜならアダムズは、『アメリカ史』において、客観主義とは対照的に、過去の出来事（の意味）はそれをとらえる視点（point of view）の変化によって共に変化するという多視点的歴史観、そしてコンテクスチュアリズム――コンテクストによって出来事の意味が修正され、あるいは増殖してゆくという考え――を示しているからである。

それでは、『アメリカ史』における多視点的歴史観、コンテクスチュアリズムとは具体的にはいかなるものなのか。また、それらはこの作品の物語構造とどのように関わっているのであろうか。これが、以下で論じられなければならない問題である。

(二) 多視点的歴史観

近代歴史学の客観主義は、ある事柄に関しての歴史的真実の単一性を主張するが、『アメリカ史』におけるアダムズは、多視点からとらえられた複数の歴史的「真実」を示すことで、このような単一性と袂を分かつ。すなわち、アダムズは、ある出来事、人物を記述する場合、それらをさまざまな視点からとらえることによって、それらのものが有するさまざまな性格、特性、意味、価値を浮かび上がらせる、という手法をとる。「さまざまな視点」とは、出来事にかかわった人物の視点、ある人物と何らかの関係を有した人物の視点であり（これら「人物の視点」は、主として、回想録、手紙などの書き手の視点である）、その出来事や人物について書かれた研究書の著者の視点であり、時には、ジャーナリズムの視点であり、あるいは、書き手であるアダムズ自身の視点であることもある。しかも、それぞれの視点自体が、実に多種多様、変幻自在であり、解釈の視点はより一層多元化するのである。

『アメリカ史』のエクリチュールは、これらさまざまな解釈が、せめぎ合い、あるいは補いあうことによって成立しているのである。それは、ドミニク・ラカプラの言葉を用いるなら、「歴史記述の対話性」と言いかえてもよいだろう。ラカプラはそれを、「完全に自分のものとした認識対象に原則的には包括的、決定的な（全体的な）説明を著者の単一なる声が与えるという独白的《モノロジカル》な思想と対比されたかたちでの、『真実』そのものの対話的理解」であると述べたのち、次のように続けている。

歴史記述が対話的であるというのは、それをとおして、歴史家が過去や、その過去を理解しようとつとめる他の研究者たちとの「会話的交流」のなかに入ってゆくという意味なのである。……（歴史家の「声」の内面的な）「対話化」が生ずるのは、歴史家の「声」がいろいろな異なった解釈の訴えを経験し、……言葉の二声的ないし多声的使用を試みる時である。(7)

このような「歴史記述の対話性」は、『アメリカ史』では具体的にどのようにあらわれているだろうか。三つほど例をあげて説明してみよう。

第一の例として、一八〇一年の記述の冒頭におけるジェファソンの人物描写（Jefferson Ⅰ, Vol Ⅰ, Chap. Ⅶ）。アダムズは自らのジェファソン像（＝解釈）を示すにあたり、その絶対性を主張しない。自分のジェファソン像を他の人物の有するジェファソン像と並置してみせる。たとえば、ジェファソンの manner について述べられた箇所を比較対照してみよう。

(Jefferson was) shy in manner, seeming cold. [Adams]

Jefferson has rather the air of stiffness in his manner. [Senator Maclay]

his (Jefferson's) manners good-natured, frank, and rather friendly...[Augustus Foster]

これら三つのジェファソン像は、相補いつつ多面的なジェファソン像を形成している。そして『アメリカ史』に登場する主要人物のほとんどすべてが、このような、さまざまな「解釈」の総合、選択によって記されているのであり、そこでは「客観的な人物像」など示されてはいないのである。

第二の例としては、アダムズが、「ナポレオンのルイジアナ売却」という出来事に対して示した、「いろいろな異なった解釈の訴え」をとりあげたい。彼はこの出来事に関して解釈する際、いっさいの断定を差し控える。考えられるだけの解釈を、読者に対して問いかけるように呈示し、読者の判断をあおいでいる。それは箇条書きにすれば、次のようなものだ。

(i) ヨーロッパにおける戦争という視点から……ルイジアナをアメリカに売ることでアメリカを味方につけようとした。あるいは、売却によって得られる資金が戦争に必要であった。

(ii) フランスの植民地政策の視点から……ルイジアナはフランスの植民地であるサン・ドマングの供給地であったから、サン・ドマングを失って以来、もうルイジアナは必要でなくなった。

(iii) ナポレオンのスペインとの関係という視点から……スペインがポルトガルとの和平により

フランスを裏切ったので（当時フランスはポルトガルを攻めようとしていた）、スペインを罰するために、ルイジアナを（スペインには売らずに、スペインと敵対関係にある）アメリカに売却した。（iv）ナポレオンの深層心理という視点から……ナポレオンは自分がもくろんで失敗したもの、狙いをつけたが得られなかったものはすべて記憶から抹殺したいという心理の持ち主である。よって自らの失敗を思い起こさせる「ルイジアナ」を売却し、自分の意識から排除したかった。などなど、アダムズは実に多くの視点から解釈し、読者にも他の解釈をうながしている。

第三の例としては、ハル将軍に対するアダムズの解釈。アダムズは、先行する歴史家、研究者たちのハル将軍像——弱々しい腰抜けの軍人、国を裏切り、敗北をもたらした反逆者という否定的なイメージ——を批判する。それとは別のハル将軍の人物像（解釈）の可能性を示している。彼は、ハル将軍の武勲赫々たる勇気ある戦いぶりを活写した上で、将軍が反逆者の汚名をきせられたのは、戦況が思わしくないために爆発した国民の不満のスケープ・ゴートにされたからである、という卓抜な社会心理学的な解釈を呈示している。

その他の「対話性」として顕著なのは、「引用」を通じての「言語の二声的ないし多声的使用」である。『アメリカ史』を読んで誰しもが気づくことは、その「引用」の繁雑さと多様性である。演説、手紙、手記、回想録、議事録、法案の草稿、外交文書、新聞記事、パンフレット、など、ありとあらゆる様式、ジャンルの文章が引用される。それも、引用はほとんど全ページにわたって行なわれており、これらのものがアダムズの文章中に引用されているというよりも、アダムズの文章がこれら文章の間に引用されていると言いたいくらいである。しかも、これらの「引用」は、ただ単に、アダムズの歴史記述を史料的に裏づけるためにのみ行なわれているのではない。それは、アダムズが自らの記述によっては十分表現できない出来事を、それら「引用」の著者たちに表現させるために行なわれているのである。そのような意味においては、『アメリカ史』の著者は複数であるということができる。このような「引用」を通じてのポリフォニー性によって、「解釈」の多元化、多視点化が可能になり、歴史記述のスタイルが多様性を有し、単調にならないのである。そして「解釈」の多元性によってこの作品は深みを増し、スタイルの多様性によってその文学性は際立つのである。

以上が、「対話性」の例のほんのごく一部であるが、多視点的手法を考える上で他に忘れてはならない部分は、『アメリカ史』の終わり約三分の一を占めている戦史の部分である。アダムズは、戦争を記述する際に、もっとも頻繁に多視点的手法を用い、この作品の空間をより立体的なものとしている。そこでは、アダムズはありとあらゆる角度から――アメリカ側、イギリス側の両方から、個々の人物の視点から、人物たちの背後から、あるいは遠くはなれて、山の上、上空から――戦闘場面を活写する。読者は、あたかも空間を自由自在に移動する（travel）カメラからとらえた映像を観ているような印象をうける。その映像は、ある時は鳥瞰図のようであり、またある時は、クローズアップである。さらに、アメリカの各地域の戦闘の同時性が語りの視点の移動の自在性によって示されるために、作品の空間的広がりは増し、立体性が増す。このような多視点的手法ゆえに、戦争は、すさまじい迫力とスケールをもって活写されるのであり、『アメリカ史』の後半は、戦史というよりも、戦争小説、いや戦争映画としてわれわれの目にうつるのである。

この戦史の部分においても、「解釈」のせめぎ合いが見られる。そこでは、上述したようにアメリカ側、イギリス側双方から同じ戦闘場面が記述されているのだが、同時に、戦況、戦果についての両者の見方、主張が大きく食い違う様子が記されている。どちらの側も自らを有利になるように「解釈」しようとしている点で、これは「解釈」の戦争であるとも言えるのである。そしてさらに、「解釈」の戦争は、戦場から新聞紙上に移される。新聞という「戦場」では、各新聞が、党派的な利害をむき出しにして、戦争をめぐっての「解釈戦争」をくりひろげるのであり、それぞれの新聞の視点によって戦争は意味づけられるのである（アダムズはこの「戦争」を戦争以上に激しいものだと記している）。新聞ばかりではない。戦争について言及する手紙、手記、回想録の筆者は、戦争における自分の行為を正当化し、あるいは誇張したり劇化したりするために、戦争が終わってのちも「解釈戦争」は続くのである。これらの「解釈戦争」を記述しているアダムズは、あたかも、「戦争くらい客観的真実の不可能性を痛感させるものはない」とでも言っているかのようだ。

さて、以上がこの作品における多視点的歴史観、多視点的手法であるが、それと並んで重要なのは（場合によってはそれと重なり合うこともあるのだが）コンテクスチュアリズムである。この「コンテクスチュアリズム」こそ、この作品の《物語の政治学》の最大の特徴であり、それについては、以下少し詳しく論じる必要がある。

㈢　コンテクスチュアリズム

アーサー・C・ダントは、歴史家が対象化している出来事を「物語」にする場合、その出来事を意味づける仕方として、およそ四つの方法を指摘している。(8) それは以下のようなものである。（一）

プラグマティックな有意味性（歴史家の道徳的目的あるいは主張にそって出来事を意味づける。たとえば『ローマ帝国衰亡史』のギボン。彼は、ビザンチンの皇帝をおとしめることで、啓蒙された彼の時代の君主の優位性を示している。）（二）理論的な有意味性（研究者の一般理論を裏付けようとして歴史における出来事を意味づけること。たとえば、マルクスが、階級闘争の一般理論を例証するためにフランス史を書いたのはその一例。）（三）結果的有意味性……出来事Aがひき起こした結果である出来事Bが重要な意味あいを有しているとき、出来事Aを意味あるものとする。（四）関連性による有意味性……出来事の意味、価値は、他の出来事との関係性においてのみ決まる。

アーサー・C・ダントも示唆している通り、（三）と（四）は必ずしも別々の方法ではない。（三）は（四）の一タイプとみなせるからである。

一方、ダントと並び、歴史の物語的解釈の草分け的存在であるヘイドン・ホワイトは、「歴史の解剖学」とも言うべき『メタヒストリー』の中で、出来事の物語化（意味付与、説明づけ）の概念的枠組を、ダントよりもさらに精密化し、それを、（1）chronicle（2）story（3）mode of emplotment（Romance, Tragedy, Comedy, Satire）（4）Formal Argument（5）Ideological Implication（Anarchism, Conservatism, Radicalism, Liberalism）の五段階に大別したのはあまりにも有名である。[9] 今、ダントとの関係で少し詳しく説明しておきたいのは、（4）Formal Argument である。これは、出来事の意味づけ（あるいは因果性の付与）の型を示したもので、「物語」の根幹をなす。それはさらに次のような四つの型に分類されている。

(1) Formist（記述の対象となる個々の出来事の独自性、多様性に注目する方法。ミシュレ、カーライルがその顕著な例。）
(2) Organicist（個々の出来事を「全体」との関連で意味づける方法。ヘーゲルがその一例。）
(3) Mechanist（これは、ダントが述べた理論的意味づけとほぼ同じ。例としてマルクス。）
(4) Contextualism（これは、ダントの言う（四）の関連性による有意味性である。例として、ブルクハルト。）

これらダント、ホワイトらの概念的枠組を用いるなら、アダムズの『アメリカ史』は、Satire（それもIrony）であり（正確には、ホワイトの言う"Historical Realism as Satire"であり）、Argumentの型としては、コンテクスチュアリズム、「関連性による有意味性」を示している。『アメリカ史』の「アイロニー」については、ロイス・ヒューソンがすでに詳しく述べているので[10]、ここでは、アダムズの「アイロニー」の一部を紹介するにとどめよう。例として戦争の記述。

アダムズは、アメリカの一八一二年戦争についてきわめて批判的な見方をしている。それは、ショーヴィニズムとは無縁である。批判は主として、三つのアイロニーを強調することで示されている。第一に、アメリカ政府は、国民の側に戦争熱がないのに、戦争をやれば戦争熱も生まれるだろうというパラドクシカルな理由をもって戦争を始めたということ。つまり、戦争をしたくもないのに戦争をしたというアイロニー。第二に、イギリスとの外交のコンテクストにおいて。それは、イギリスがThe Orders（ナポレオンのBerlin Decreeに対する報復措置）の撤廃に同意し、アメリカに和平を申し出たわずか二四時間後に、そのことを知らないアメリカはイギリスに宣戦布告したというアイロニー。このアイロニカルな史実を強調するアダムズは、もう少しアメリカが、イギリスに対して行なった経済制裁の効果があらわれるのを辛抱づよく待っていたら、一八一二年戦争は回避できたはずである、と暗に述べているようだ。第三として、フランスとの外交のコンテクストにおいて。なんと、アメリカの「参戦」[11]の一番の支えであったナポレオンの「力」が、「参戦」と時を同じくして(ロシアでの大敗北ゆえに)弱まってゆくというアイロニー。アダムズは、このアイロニーを強調しつつ、アメリカのナポレオンとの外交を、すべてをナポレオン(=フランス)にささげたあげく、ナポレオンから得られたものは何もなかったと冷笑している("From France(=Madison) could gain nothing" Madison I, Vol II. Chap. VII)。ここでアダムズは、大国(フランス)の論理=力にひきずられ、自主性を失ってついには戦争に突入した(ナポレオン戦争に「参戦」した)アメリカの悲劇(いや喜劇)を示し、その愚かさを批判していると思われる。

さて、『アメリカ史』のコンテクスチュアリズムであるが、これについては、ヘイドン・ホワイトが、非常に簡潔で明晰な定義を下している。ホワイトによれば、コンテクスチュアリズムとは、「出来事の意味はコンテクストによって、他の出来事との関係性によって決まる」という考え方なのであり[12]、それは、いわば、歴史学における「交換価値」説であるといえよう。

それでは、アダムズの『アメリカ史』において、この「コンテクスチュアリズム」は具体的にはどのように示されているのであろうか。例として、サン・ドマングの反乱、フロリダ問題、アーロン・バーの陰謀、ロシアの英米和平への仲裁、という四つの出来事をとりあげてみよう。

サン・ドマングにおける反乱は、はじめは奴隷たちの奴隷所有者たちへの反乱として意味づけられている。しかしながら、この出来事は、ルイジアナをめぐるアメリカとフランス(およびスペイン）の対立という出来事との関係性において別の意味づけがなされる。すなわち、それは、フランスのアメリカ攻略の「口実」としての意味を有し、かつまた、その「失敗の原因」としての意味をもつのである。フランスは、サン・ドマングでの反乱の鎮圧を「口実」に、大軍を投入し、鎮圧後にアメリカに攻め入ろうとしたのであり、一方、アメリカは、トゥーサン・ルーベルチュールの率いる反乱軍の抵抗のおかげで、フランスの植民地にされずに済んだのである。よって、サン・ドマングの反乱という「周縁的」な出来事は、世界史的コンテクストのなかで「中心的」な意味あいを有した出来事と化するのである。「周縁」と「中心」とはコンテクストによって相対化する概念であることが、ここでは明確に示されている。

二番目として、「フロリダ問題」。「フロリダ」は、アメリカとスペインの領土拡張（あるいは保持）というコンテクストにおいては、「領土」としての意味あいしか有していないが、ナポレオンの「大陸体制」の強化という出来事との関係性においては、単なる「領土」ではなく、アメリカを「大陸体制」に引き入れるための「エサ」としての意味あいを有する。アメリカとスペインは、「フロリダ」をめぐっての交渉が有利に運ぶよう、ナポレオンの「力」を必要とする。ナポレオンは、「フロリダ」の交渉に関して、スペインにも、アメリカにも、どちらの味方をするのかはっきりしない態度をとり、交渉をできるかぎりひきのばすという「じらし外交」、「両てんびん外交」を行なうのであるが、それは、両国ともに「大陸体制」のメンバーとしたいからである。アメリカは、「フロリダ問題」があるゆえに、ナポレオンにさからうことができず、しだいしだいに、「大陸体制」の同盟者となってゆくのだ。『アメリカ史』では、このように、普通アメリカの歴史において「ルイジアナ」の付属物くらいにしか考えられていない「フロリダ」が、世界史のコンテクストにおいて「ルイジアナ」に劣らぬ重要性、価値をおびてくるのである。経済学的に言うなら、「領土」という「使用価値」を有している「フロリダ」は、ナポレオンがアメリカを呼びよせる「エサ」という「交換価値」を有するのである。

第三にとりあげたいのが、アーロン・バーの西部連邦樹立の陰謀である。これは、アメリカにおける政治的対立というコンテクストからは、リパブリカン党内の派閥争い（ジェファソン対バー）、リパブリカン対フェデラリストの争い（ジェファソン対バーを支持するフェデラリスト）として意味づけられる。一方、アメリカの地域的対立というコンテクストからは、中央対地方（＝ルイジアナのクレオール（creole））の争いとして意味づけられる。また、ヨーロッパでの英仏戦争のコンテクストにおいては、政府が支持するフランスとバーの陰謀に肩入れするイギリスの戦いとして意味づけられているのである。

最後の例として、ロシアが申し出た英米の和平の仲裁。これは、表層的には、アメリカとイギリスの関係の回復をロシアが手助けするという意味しか有していないが、ロシア宮廷内の権力闘争という出来事との関係性において、まったく違った意味あいを有するようになる。ロシアの宮廷内においては、親英的な皇帝《ツァー》（アレクサンドル一世）と親仏的なルミャンツェフが敵対していた。ロシアがフランスに宣戦して以来、とりわけアレクサンドルの力がまさり、ルミャンツェフの権力が弱体化したが、ルミャンツェフはひそかに権力の奪回をねらっていた。そこで彼は、戦局からしてイギリスに不利でアメリカに有利な（この時点ではイギリスがアメリカに勝っていた）和平の仲裁をおしすすめ、親英的な外交路線を反・英的なものに変えようとしたのである。その意味で、アメリカは、ルミャンツェフによって利用されたのである。この仲裁は、結局はうまく機能しなかった。それは、皇帝が仲裁に協力するとみせかけながら、いっこうに積極的に和平を進めることはなかったからである。これは、ヨーロッパの戦争という出来事との関係性においては、ロシア皇帝はナポレオンとの戦争のため他国の和平などに関心を払う余裕がなかった、という意味づけがなされているが、ロシア内部の権力争いという出来事との関係で別の意味づけがなされている。つまり、皇帝は、和平交渉を滞らすことで、ルミャンツェフの権力奪回の企てをくじこうとしたのである、と。それと同時に、皇帝の一見矛盾する行為――和平交渉を積極的に進めない一方で、それを阻止せず、場合によってはそれに協力する態度を見せるという行為――も、アダムズは、ロシア宮廷内の事情というコンテクストにおいて解釈してみせる。それは以下のようなものだ。つまり、皇帝は、もしナポレオンに負けた場合は、親仏的なルミャンツェフの力が必要になるために、ルミャンツェフの意図を全面的にくじくことはできないという解釈である。『アメリカ史』において、アダムズは、この他、あらゆる角度から「和平交渉とロシア」について光を当てているが、それらをすべて記すとなると本論の道筋を大幅に逸脱することになるため、ここではあえて記さないことにする。

これらの四つの例からもわかるように、アダムズはある出来事を語る際、決してその意味を固定することはなく、他の出来事との関係性によって、出来事がおかれているコンテクストによって、出来事の意味、あるいは価値が次々に変化してゆく様を示すのである。出来事の意味は、アダムズのテクストにおいては自己完結せず、増殖し、あるいは修正されてゆくのだ。彼は、自らの解釈の絶対性を主張するのではなく、解釈の可能性を示すだけなのであり、同時に、読者にも彼のようにさまざまな解釈を行なうよう誘っているのである。よってアダムズにとって、「歴史を書く」とは、意味の定まった出来事を写しとってゆくことではなく、出来事と出来事の関係性を「読む」という行為なのであり、同時にそれは、他の「読み」を許容し、誘発する行為なのである。

さて、それでは、このような「コンテクスチュアリズム」を可能にするために、アダムズはいかなる手法をとっているか。それは一言でいうなら、「多元的な記述による重ね書きの手法」である。その手法は、大きく分けて二つある。

ひとつは、国内史と外交・ヨーロッパ史を交互に語ってゆく方法である。たとえば、一八〇一年から一八〇五年のジェファソンの時代では、〔第一巻、七〜十二章（主として国内史）〕→〔第一巻、十三〜十七章、および第二巻、一〜三章（主として外交・ヨーロッパ史）〕→〔第二巻、四〜十章（主として国内史）〕→〔第二巻、十一〜十八章（主として外交・ヨーロッパ史）〕というリズムで記述が進んでゆく。この方法によって、アメリカ史と世界史が結びつき、アメリカ史のなかの出来事が、世界的視点から意味を変えてゆくのである。

二つめは、時間処理である。一見すると、この作品は年代順に連続的に出来事が記されているように思われるが、よく読むと、物語（言説）の時間は、ところどころ逆行し、また中断されている。たとえばジェファソンⅠ、第一巻、第十四章で、アダムズがイギリスとアメリカの関係について述べる時、時間を前章の一八〇四年から一七八三年に逆行させている。また、ヨーロッパへ旅立ったアメリカの和平交渉団の物語（一八一三年）は一度中断され（マディソンⅡ、第一巻、第二章）、その続きは、二〇〇ページもあと（マディソンⅡ、第一巻、第十四章）に記されている。その間には、一八一三年においてアメリカの各地で同時的に進行している戦闘のことが何章にもわたって語られている。このような時間処理によって、時間は複線化し、多元化し、時には同時性を有するのである。その結果、同一の出来事が何度もちがったコンテクストから語り直され、あるいは、或る出来事と密接にかかわる同時的な出来事が語られることにより、出来事の意味は、変化し、修正され、補完され、場合によっては空洞化してゆく（たとえばBerlin Decreeの撤廃のニュースのように）のである。

かくの如き、小説作品を彷彿とさせる空間、時間処理によって、政治史のコンテクストは多元化し、『アメリカ史』の意味内容は変化するのである。が、それればかりでなく、政治史外のコンテクストの多元化によって、さらにその内の出来事の意味は増殖し、変化する。それは、この長大な歴史物語の冒頭と末尾につけられた、社会史、経済史、文化史、思想史からなる短い（といっても全体と比較してのことだが）プロローグとエピローグである。[13] これらによって、政治史のコンテクストでとらえられた出来事が、その他の歴史の次元においてもとらえられるようになっているのだ。そして、それにより、『アメリカ史』は、より重層的で多様なテクストと化すのである。

第二章　教会を読むアダムズ——横断と切断

いまや中世史は花ざかりである。かつて人々が中世に対していだいた〈暗黒時代〉というイメージは、いまや完全に払拭されたといってよい。中世という歴史的空間は、色あざやかな光にみちあふれている。ステンドグラスを通過してくる澄明な、サファイア色の光にみたされた、ゴシックの大聖堂の内部さながら……。

中世史（特に、文化・社会史）研究は、マルク・ブロックの技術史、《アナール》学派の「新しい歴史学」の登場以来、フランスを中心としてめざましい発達をとげ、現在、歴史学においてもっとも盛んな分野である。ジョルジュ・デュビイの『カテドラルの時代』（一九六七）、ジャック・ル＝ゴフの『中世西欧文明』（一九八四）をはじめとして、中世史に関する書物の刊行は、目白押しといった状況にある。また、このような中世史研究の成果を一冊にまとめたアニェス・ジェラールの中世史事典『中世社会』（一九八六）が出版されるまでに至っている。

中世という空間に光を当てるこのような一連の試み。それはまた、過去におけるパイオニア的な中世史研究に光を当てることにもつながってゆく。とりわけ、過去の中世文化史研究の再評価へと通じてゆく。ホイジンガの『中世の秋』（一九一九）に対する再評価はその一例である。たとえば、ル＝ゴフは、ジェラールの『中世社会』によせた序文のなかで、『中世の秋』を「感受性の歴史についての最初の傑作である」と評価している。「感受性の歴史」（「心性の歴史」と言い換えてもよい）は、アナール派において顕著になった歴史記述であり、ル＝ゴフはここで、ホイジンガを「新しい歴史学」の先駆者とみなしているのである。

このようなコンテクストにおいて、今、アダムズの『モン・サン・ミシェルとシャルトル』（*Mont Saint Michel and Chartres*, 一九一三、私家版は一九〇四）を見てみよう。すると、この作品は、ホイジンガの『中世の秋』と並ぶ中世文化史のパイオニア的研究として重要性を帯びてくる。これは、時代的には、『中世の秋』の前史をなすものであり、方法論的には、「感受性の歴史」の記述を試みている点において、『中世の秋』に劣らず重要な書であると言える。しかしながら、これまで、中世史研究において、再評価はおろか、ほとんど言及されることすらなかった。これは、大きな盲点であると言わねばならないだろう。

そこで、本章では、このような中世史学史において不当にも忘却された作品である『モン・サン・ミシェルとシャルトル』を、現代的な観点から再評価し、中世文化史におけるその重要性を明らかにしたいと思う。また、その際、この作品の芸術性と歴史記述（の方法論）に光を当てることにより、その魅力の一端を明らかにすることをも意図している。

㈠　中世のほうへ

十九世紀後半は、旅行に関する書物がさかんに記され、同時に中世趣味（medievalism）が広まった時代である。『モン・サン・ミシェルとシャルトル』という作品は、一見すると、J・C・ロウが指摘するごとく（『ヘンリー・アダムズとヘンリー・ジェイムズ』一九七六）[14]、これら二つの要素を融合したものと見える。それは、表面上は、中世の教会建築の旅行ガイドブックという体裁をとっている。しかし、普通の旅行ガイドブックとは大分異なっている。それは、ガイドブックに必須の実用性を有していない。また、作品中に記される「旅」それ自体が目的ではなく、「旅」は手段にすぎない。「旅」は、作品において次のような機能を有しているレトリックなのである。第一に、文学空間の視点を設定するためのレトリックであり、第二に、時間を空間化する（あるいは、空間を時間化する）レトリックである。

まず読者は、過去（＝中世）を旅する者（巡礼者）の視点を与えられることでタイムスリップし、アダムズが想像をまじえつつ復元した過去の（建造された当時の）建築物を眼の当たりにしているような印象を受ける。現在は存在していない事物が、旅する者の視点の現在性によって、あたかも現在存在しているもののように表象されるのである。そして、旅する者の視点の現在性は、現在時制の使用によって強められる。

一方、時間の空間化（あるいは空間の時間化）。この作品においては、空間的な旅はそのまま時間的な旅へと変貌する。ノルマンディーからイル・ド・フランスへの空間的な旅は、そのまま、ロマネスク様式からゴシック様式への時間的な旅となっている。アダムズは、ノルマンディーとイル・ド・フランスの間には、「建築学上の税関」（"an architectural *Douane*"）が存在すると言っている[15]。

この空間＝時間的な建築学的「旅」は、迷宮のように錯綜している。巨視的にみれば、ノルマンディーからイル・ド・フランスにかけて、様式上の転換が生じていると言えるが、微視的にみると、そう簡単に言い切ることはできなくなる。なぜなら、それぞれの教会建築内に、さまざまな様式が層をなし、共存しているからだ。たとえば、ロマネスク建築の代表といわれるモン・サン・ミシェルの北側部分をなす「西洋の驚異《メルベイユ・ド・ロキシダン》」（Merveille de l'Occident）と呼ばれる三層建築。そこには、すでにゴシック特有の尖頭形アーチ、高い円天井がはっきりとみてとれる。セーヌ河を遡行し、イル・ド・フランスの玄関、マントにいたるまでは、建築様式の上では「移行期」をあらわす教会建築がみられるが、それらは、しだいにロマネスク様式にゴシック様式が入りこんでくる様を如実にあらわしている。

このような、いわば「視覚化」された建築史である『モン・サン・ミシェルとシャルトル』は、建築史学上、作品中しばしば引用されているヴィオレ＝ル＝デュクの『中世フランス建築辞典（一八五四―六九）』から派生したものであり、また、のちのアンリ・フォションの名著『西欧の芸術――ロマネスクとゴシック』（一九三八）の先駆として位置づけることができる。

しかしながら、この作品は単なる建築史にとどまらない。それは、建築の意匠（もしくは建築を飾る装飾芸術）のうちに表現された中世人の〈心性《マンタリテ》〉を見いだそうとする、きわめて先駆的な書なのである。アダムズ自身、そのことをよく自覚していたようだ。彼は、“feeling”という言葉を中世人の〈心性〉を意味する言葉として何度も用いている（“the feeling of the time”[16]、“this feeling is the architectural child of the first crusade.”[17]）。また、つぎの箇所は、アダムズが、中世人のfeeling＝〈心性〉の歴史を書くという明白な意図を有していたことの何よりの証左となる。

われわれが、モン・サン・ミシェルからシャルトルへいたる三世紀の旅——十一、十二、十三世紀にわたる旅——に出かけたのは、技術にかんする知識、正確な情報、歴史・芸術・宗教についての正しい見解、有用と思われるもの、を得ようとするためではない。それは、ただ、これらの世紀が語ろうとしていることを感じとり、これらの世紀がそれを語る際の様式に共感を示すためである。[18]

そしてアダムズは、このような中世人の〈心性〉を見いだそうとする試みを、「読む」という言葉でいいあらわしている（"at Mont Saint Michel (one can read the first crusade) in the Aquilon and the Promenoir"[19]）。アダムズは教会（を飾る装飾芸術）を、あたかも書物を読むごとく「読み」、その背後にある時代の〈心性〉＝feelingをうかびあがらせてゆくのである（"one goes on for hours reading the open volumes of color...."[20]）。

それでは、アダムズは、教会の内にいかなる〈心性〉＝feelingを「読み」とっているか。また、それをいかなる方法によって「読み」とっているか。それが、以下で答えられなくてはならない問題である。

(二) 教会を読む

アダムズは、中世人の〈心性〉＝feelingを代表＝表象しているテクストとして、モン・サン・ミシェルとシャルトルという二つの教会建築をとりあげている。そして彼は、これら二つのテクストの「読み」を通じ、十一世紀から十二世紀にかけて生じた、中世人の〈心性〉における「切断の現象」（フーコー）をうかびあがらせようと試みている。この「切断の現象」とは、一体いかなるものなのだろうか。それは十一世紀には男性原理が支配的であるが、十二世紀には、女性原理がそれにとって代わるという現象である。そしてアダムズは、男性原理（の優位性）のシンボルとしてモン・サン・ミシェルというロマネスク教会をとりあげ、女性原理（の優位性）のシンボルとしてシャルトルというゴシック教会をとりあげるのである。

モン・サン・ミシェルは、主として十一世紀に建造された教会であり（1020–1135ごろ）、アダムズは教会の構造に十一世紀の〈心性〉を「読み」とっている。彼はそれを「男性的で、軍人的なエネルギー（"the masculine, military energy"[21]）」と呼んでいる。たとえば、そのノルマンディーの沖合に屹立する様子。それは、敵の襲来を待ちかまえている要塞のようである。そして重々しい堅牢な土台、身廊および翼廊の支柱の圧倒的な力強さなど、あらゆる部分で「男性原理」が支配的である、とアダムズは述べている（"...the overmastering strength of the eleventh century is stamped on a great scale here, not only in the four spans of the nave, and in the transepts, but cheifly in the triumphal columns of the *croisée*." "Perched on the extreme point of this abrupt rock, the Church militant with its aspirant Archangel stands high above the world and seems to threaten heaven itself."[22]）。権力の誇示、世界を支配しようとする傾向、それらが、教会の構造そのものに表われているというのだ。

アダムズは、このような「男性原理」の優位性、（武）力に価値を置こうとする傾向を十一世紀の〈心性〉であると結論している。

一方、十二世紀に主要部分が建造されたシャルトルに対するアダムズの「読み」は、いかなるものだろうか。それは、モン・サン・ミシェルに対する「読み」より、さらに複雑化する。単に建築の構造を「読む」ばかりでなく、建築にほどこされた装飾芸術の図像《イコン》をも「読もう」としているからである。アダムズは、十二世紀の〈心性〉を主としてこれら図像のうちに「読み」とっている。以下に、そのうちのほんのいくつかを紹介しておこう。

まずは、シャルトルの扉口（portal）に描かれているキリストの生涯を物語る図像。アダムズは、それについて次のように記している。

……ここ、シャルトルの扉口で、キリストは群れ集う人々にたいし、ただ救済を告げる存在として立ちあらわれる。これら三つの戸口に描かれたすべての形像には、恐れも罰も呪いも示されてはいない。……百年後（一二五〇年ごろ）には、すべての教会の扉口において、キリストは救い主としてではなく審判者として示されることになる。しかし、ここシャルトルでは、キリストは聖母マリアと一体であり、愛と恩寵の化身である……。[23]

ここでアダムズは、十二世紀の図像におけるキリストが、聖母マリアのように優しい、愛にみちあふれた存在として表象されていると述べているのである。キリストは聖母マリアと一体なのである。さらにアダムズは次のように「図像」の「読み」をつづける。

「恐れ」が存在しないばかりでない。苦痛すら示されることはない。……ここに彫られたキリストの生涯において、磔刑の場面だけは描かれていない。[24]

ここには、十二世紀の中世人の、キリストに対する「読み」＝「解釈」が、いかに一面的なものであったかということが示されている。アダムズの関心は、キリストそれ自体ではなく、キリストが中世においていかに「読まれていたか」ということである。そして、中世人のキリストに対するそのような「読み」から、中世人の〈心性〉を「読み」とろうとするのである。そして、このような「読み」を行なう十二世紀の中世人の〈心性〉の核に、「聖母マリア」を、ひいては、それが象徴する「女性原理」を「読み」とっている（"Perhaps Our Lady of Chartres was known to be peculiarly gracious and gentle, ...her church was clearly intended to show only this side of her nature, and to impress it on her Son."[25]）。そしてアダムズは、シャルトルを飾る「図像」のうちに示された「女性原理」について明確に語っている（"These figures are full of feeling, and saturated with worship ; but what is most to our purpose is the feminine side which they proclaim and insist upon."[26]）。

このような、「女性的側面」（"the feminine side"）に価値をおく、十二世紀の中世人の〈心性〉を示す「図像」として、次にとりあげたいのが、シャルトルの入口部分、支柱と支柱の間に刻まれている、アブラハムがイサクを生贄に捧げる場面である。そこでは、「男性原理」の象徴として普通イメージされるアブラハムは、女性的に表象されている（"Abraham's left hand quiets him（= Isaac）and caresses the boy's face, with a movement that must have gone straight to Mary's heart, for Isaac always prefigured Christ.[27]"）。さきほどのキリストの生涯の図像と同じく、この図像においても、アダムズは神話に対する十二世紀の中世人の「読み」から、彼らの〈心性〉を「読み」とっているのである。

この他にアダムズは、マリアを刻んだ図像をいくつか例としてあげている。たとえば、教会の入口の上、ベイと呼ばれる部分には、マリアの「天上の女王」としての戴冠の図が、その下、リンテルには、マリアの死と復活が刻まれている。アダムズは、これらマリアを中心にすえた図像から、「女性原理」を至上のものとする十二世紀の中世人の「読み」は、現在われわれがイコノロジーという名で呼んでいるものであることは明らかである。彼は、パノフスキーに先がけて、イコノロジーという学問分野を切りひらいていた、といってよいだろう。

イコンの解読によって明らかになった「女性原理」。アダムズは、それをシャルトルのあらゆる部分に「読み」とろうとする。後陣の、優美な曲線を描く放射状祭室、マリアを図の中心にすえたバラ窓（Rose）、等々……。そして、教会内部をみたす光と色の芸術。アダムズはそれを、マリアが身にまとう衣装としてイメージしている（"An ornament, a play-thing, a pleasure! A jeweled decoration which she wore on her breast! Her chief joy was to pardon ; her eternal instinct was to love ; her deepest passion was pity![28]"）。

ここまでわれわれは、アダムズの教会に対する「読み」について述べてきた。それは繰り返して言うなら、十一世紀から十二世紀にかけての中世人の〈心性〉の歴史において、「男性原理」から「女性原理」への移行という「切断の現象」がみられるということであった。

が、アダムズの中世人の〈心性〉の歴史は、ここでおわらない。今まで述べてきたのは、彼の通時的な「読み」である。われわれは、次に、アダムズの、中世人の〈心性〉の共時的な「読み」（あるいは「横断」的な「読み」）について述べなくてはならない。といっても、これは、通時的な「読み」とまったく別個のものではない。それはむしろ、通時的な「読み」を補完するものなのである。

㈢　横断する知性

アダムズは、十一世紀の中世人の〈心性〉をより明確にするために、建築、文学、政治・社会、宗教の間を「横断」し、それらの間に構造的相同性を「読み」とろうとする。

まずは建築から文学への「横断」。比較するテクストは、モン・サン・ミシェルと武勲詩『ロランの歌』。アダムズは、両者について以下のように述べている。

モン・サン・ミシェルと『ロランの歌』は、ほとんど一体のものである。……『ロランの歌』なしに、十一世紀が大天使の教会に刻印した心性《フィーリング》に近づくことはできない。(29)

そしてアダムズは、『ロランの歌』を主として論じた章で、これら二つのテクストの間に共通してみられる〈心性〉＝feelingについて明確に示している。
「詩」と「教会」は同種のものである。それらは相伴い、互いを説明している。それらに共通の特性は、十一世紀に特有の軍人的性格である。円形のアーチは男性的である。そして『ロランの歌』も、とても男性的である……。[30]
アダムズは、『ロランの歌』における「男性原理」の一例として、このテクストにはほとんど女性が登場していない点を指摘している。そして『ロランの歌』における「武力」の称揚、それも、モン・サン・ミシェル全体にみられる「力強さ」の強調と相通じている。また、アダムズは、『ロランの歌』の文体《スタイル》そのものがモン・サン・ミシェルの様式《スタイル》を反復していると述べる。たとえば、『ロランの歌』の、並列構文を主体とする固苦しい荘重体は、重々しい花崗岩によってつくられた、外敵の侵入をはばむような堅固な教会の造りと構造的相同性を有していると述べている。また、モン・サン・ミシェルの様式にみられる単純性、粗々しさ。それは、単音節の語を用いる『ロランの歌』の文体そのもののなかに「読み」とれると述べている。アダムズは結論として次のように記している。"Verse by verse, the song was a literal mirror of the Mount."[31]
次にアダムズは、建築と政治・社会の間を「横断」する。彼は、十一世紀（なかでも、ウィリアム公のノルマン征服、および第一次十字軍）において政治・社会全体にみなぎっていた「軍人的情念」[32]を、モン・サン・ミシェルは鏡のように映し出していると結論している。そして、社会的・政治的秩序、ヒエラルキーの強固な現実を、モン・サン・ミシェルの堅固な、周囲を圧するような構造のうちに見いだしている。つまり、政治・社会の構造と建築の構造とが相同性をなしていると述べているのである。

宗教と建築の「横断」はどうだろうか。この作品の冒頭部分をみてみよう（ここは、アダムズの詩的散文のリズムをよりよく示すために、あえて原文で引用しておこう）。

The Archangel loved heights. Standing on the summit of the tower that crowned his church, wings upspread, sword uplifted, the devil crawling beneath, and the cock, symbol of eternal vigilance, perched on his mailed foot, Saint Michael held a place of his own in heaven and on earth which seems, in the eleventh century, to leave hardly room for the Virgin of the Crypt at Chartres...He is the conqueror of Satan, the mightiest of all created spirits, the nearest to God.(33)

何という雄勁で重々しい文体。この文体のリズム自体が、モン・サン・ミシェルの名の由来となった大天使ミカエルの力強さを表わしている。この大天使ミカエルのイメージは、神の絶対的な権力の象徴となっている。モン・サン・ミシェルの描写も、ミカエルの描写と同じリズム、イメージをもってはじめられる。

The church stands high on the summit of this granite rock....(34)

この二つの相似した文章を読むわれわれ読者の意識のうちでは、聖ミカエルの力強い姿が、教会の像と重なってくる。そして、モン・サン・ミシェルという教会建築の構造が、神の絶対的な権力を示していることに気づくのだ。十一世紀における「神」の「力強さ」、それが、モン・サン・ミシェルの「力強さ」のうちに反復されている、とアダムズは言いたいのである。一方、十一世紀における宗教は、異教的なものをきびしく排除しようとした。これは、十字軍遠征という社会的出来事と表裏一体であるが、モン・サン・ミシェルの、外敵を寄せつけないような軍人的な姿は、この社会的=宗教的な図式を構造的に示している、とアダムズは言っている。また、異教徒に対してキリスト教世界が一枚岩となって立ち向かうという構図が、危険な海のただなか、岩山のように磐石にみえるモン・サン・ミシェルの姿に示されていると述べている（ちなみに、第一章の表題は、"Saint Michiel de la Mer del Peril" となっている）。

*

さて、次に、十二世紀（ときには十三世紀）の中世人の〈心性〉についてのアダムズの「横断」的な「読み」を見てみることにしよう。そこでは、アダムズは、建築、文学・神話、政治・社会、神学・哲学の間を「横断」している。彼はその際、現実とフィクションという単純な二分法にはたよらない。現実かフィクションのいかんを問わず、彼のめざすところは、それらに共通する「構造」

なのである。

第一に、建築と文学の「横断」。シャルトルのすみずみにまで「読み」とれる「女性原理」（の優位性）。それを、アダムズは文学のうちにも「読み」とろうとする。彼は、それは「宮廷風恋愛詩」のうちに「読み」とれると言っている。たとえば、宮廷詩人クレチアン・ド・トロワの詩について次のような評言をしるしている。

この詩の特質は、ステンドグラスの特質に類したものだ。……洗練され、抑制がきいており、女性的な繊細な趣味を有している。クレチアンは、十一世紀の荘重体を有せず、『ロランの歌』の男性的な力強さを想起させることはない。……彼の作品は、十二世紀の宮廷、十二世紀のフランス語の華である。強くもなく、深くもない……。いわゆる悲劇とは無縁である。クレチアンの世界は、青空のように澄みわたり、バラ色であり……光にみちあふれている。(35)

アダムズは、クレチアンの詩を、「女性原理」のみなぎるものとしてとらえているのである。そして、クレチアンの詩の文学空間を、色あざやかな光にみたされたシャルトルの聖堂の内部と重ねあわせている。また、シャルトルの「図像」に、キリストの磔刑の図が描かれていないことはすでにのべたが、このような、悲劇を忌避する〈心性〉は、クレチアンの詩においてもはっきりとあらわれているのである。

アダムズは、クレチアンをはじめとして、十二世紀の、いや十三世紀にいたるまでの文学においては、「愛」が中世人の〈心性〉の核となり、十一世紀の文学に支配的であった「力」の論理は消え去ることを、例をもってしめしている。が、われわれ読者は、アダムズの「宮廷風恋愛（詩）」についての研究を、単に〈心性〉を浮かびあがらせる手段としてとらえる必要はない。この部分だけ、独立に切りはなして読んでも十分価値あるものなのである。それは、「宮廷風恋愛（詩）」研究としては、最も初期の本格的研究であり、「中世の秋」に「遊び」と化した「宮廷風恋愛（詩）」をあつかったホイジンガの研究の前史をなすものである。またはそれは、ドニ・ド・ルージュモンの『愛と西欧』、C・S・ルイスの『愛のアレゴリー』の先駆として再評価できると思う。

アダムズは、神話のうちにも「女性原理」を「読み」とっている。彼の神話の「読み」方、それは、すでに述べた図像の「読み」方と同一である。すなわち、十二世紀の中世人の、「神話」に対する「読み」＝「解釈」を「読む」というやり方である。例として、トリスタンとイゾルデの神話をとりあげよう。

十一世紀におけるトリスタンとイゾルデ神話は、「男性原理」に支配されていた、とアダムズは言う。しかし、十二世紀になると神話の「読み」かえが生じていると言う（"...the original Tristan had given the law like Roland or Achilles, but the twelfth-century Tristan was a comparatively poor creature. He was in his way a secondary figure in the romance...."(36)）。十一世紀には、トリスタンが主役であった神話が、十二世紀には、イゾルデが主役の神話へと「読み」かえられるのである。支配力をふるうのはイゾルデであり、トリスタンは副次的な、つまらない人物と化すのだ。

建築と政治・社会の「横断」はどうか。シャルトルという「聖母マリア」の宮廷では、すべてが「マリア」という「天上の女王」の支配下にあるという構造を示していたが、十二世紀から十三世紀はじめにかけてのフランスの宮廷においても、女性が権力の座につくという現象がみられた。アダムズは、「三人の女王」と題した章のなかで、エレオノール（Éléanor de Guienne 1122–1202)、マリ(Mary de Champagne 1145–1198)、ブランシュ・ド・カスティーユという三人の女王をとりあげる。そして、エレオノールとブランシュ・ド・カスティーユの政治的影響力、マリの文化的影響力について詳述している。

建築と政治・社会の「横断」として、さらにとり上げなくてはならないのは、アダムズの〝ステンドグラスの政治学〟である。彼はステンドグラスのうちに、主として十三世紀の政治・社会構造を「読み」とっている。そこでは、ステンドグラスの提供者は、もはや貴族階級に限定されない。ブルジョア階級の人々が、その提供者として貴族階級と名を連ねている。アダムズは、このような現象のうちに、十三世紀にブルジョアの力が強まり、封建制がゆらぎはじめるという、社会構造上の変化を「読み」とるのである。同時に、当時の宗教理念である「マリアのもとでの平等」という考えと、上にのべた社会構造上の変化は、大きくかかわっているという洞察を記している。そしてまた彼は、シャルトル北側の「女性原理」を主体としたバラ窓（ブランシュ・ド・カスティーユがつくらせたもの）と、南側の「男性原理」を主体としたバラ窓（ピエール・ド・ドゥルーがつくらせたもの）が対峙している構造は、当時の両者の間の権力争いを物語っているとも述べている。

最後に、建築と哲学の「横断」的「読み」をみてみよう。シャルトルの光と色の芸術。それは、「神」を理性を通じてではなく、情緒的にとらえようとする〈心性〉が生み出したものである。このような〈心性〉は、聖ベルナールの神秘思想のうちにも「読み」とれる。彼は、アベラールの概念主義（「神」を理性によってとらえようとする考え）、スコラ哲学の、「神」の存在をアプリオリに措定する実念論に抗し、「神」を「愛」を通じて、情緒によってとらえることを唱えた。アダムズはベルナールの思想を手ぎわよくまとめてくれているので、それを以下に引用しよう。

本質において、宗教は愛であった。それは決して論理ではなかった。……もし神が知られるとするなら、それは、魂と魂との、本質と本質との直接的なふれあいによって、あるいは、情緒によって、法悦によって知られるにちがいない(37)。

そしてアダムズが『モン・サン・ミシェルとシャルトル』の末尾で行なっている「横断」が、十三世紀のゴシック建築とトマス・アクィナスのスコラ哲学の間の「横断」である。そこでは、教会の土台をトマス・アクィナスの『神学大全』の根本をなす、「第一原因」としての「神」に照応するものであると述べる。そしてゴシック建築にみられる「調和・均衡」、「体系性」、「科学性」、それらは、『神学大全』と構造的相同性を示していると結論している。このようなアダムズの、ゴシック教会とスコラ哲学の「横断」的「読み」は、十分に精密なものとは言いかねるが、発想の上では、パノフスキーの名著『ゴシック建築とスコラ哲学』（一九五一）の先駆をなすものとして再評価できるであろう。

＊

以上、『モン・サン・ミシェルとシャルトル』というテクストにおける、アダムズの中世人の〈心性〉に対する「読み」をつぶさに検討してきた。それらは、まとめると次のようになる。それは、十一世紀と十二世紀の間に、「男性原理」から「女性原理」への移行という「切断の現象」が見いだされる、ということである。そして、われわれは、〈心性〉を「読み」とるにあたってアダムズが用いる方法についても、十分検討してきた。それは、通時的な「読み」と共時的（「横断」的）な「読み」を交錯させて、一時代に支配的な「構造」をうかびあがらせるという手法である。

第三章　〈近代〉を噬う——ヘンリー・アダムズの「教育」

ヘンリー・アダムズは、生涯を通じ旅をし続けた。生まれ故郷であるアメリカはもとより、イギリス、フランス、ドイツを中心にヨーロッパ全域を経巡り、遠くは、エジプト、ナイル川上流にまで旅をした。とりわけ、最愛の妻マリアンの服毒自殺という悲劇的事件を境として、彼の旅は世界じゅうに及ぶことになる。北は、スカンジナヴィア諸国、ロシアへ、南は、メキシコ、キューバ、タヒチ、サモア、フィージー、オーストラリアへ、そしてまた、はるばるわが日本に至るまで……。毎年のように、アダムズは旅に出かけていったのである。あたかも、何かにとりつかれたかのように。いや、何かから逃れようとするかのように……。

このような永遠の旅人《さすらいびと》、ヘンリー・アダムズ。彼は、諸国を遍歴する旅行者にとどまらなかった。彼はまた、〈知〉の世界の旅人でもあった。歴史学、文学をはじめ、物理学、化学、生物学、地学等、彼は、ありとあらゆる学問をむさぼるように吸収し、自らの知的な飢えを満たしていった。それだけではない。アダムズは、人文科学と精密科学の間を「横断」し、あるいは、一方の領域の用語を他方の領域の用語へと「翻訳」しながら、それらの領域の間に構造的相同性《ホモロジー》を見いだし、新しい時代の要請に応じた、新しい知的モデルを次々と生み出していった。

そして、この知的冒険の結果、あるひとつの作品（それ自体がひとつの知的モデルたらんとする作品）が生み出されることになる。あるひとつの作品とは、言うまでもない、彼の名をアメリカのみならず世界中において不朽のものたらしめた、『ヘンリー・アダムズの教育』（*The Education of Henry Adams*）〔一九一八、私家版は一九〇七〕である。

『ヘンリー・アダムズの教育』（以下、『教育』と略記）という作品は、アメリカ文学史において、かの有名なフランクリンの『自伝』と双璧をなすと言われている。が、一読した印象は、フランクリンの『自伝』と大分趣を異にする。フランクリンの『自伝』の最大の特徴である、自己信頼、成功者としての自負は、『教育』には全く見いだされない。見いだされないどころか、ここには、まったく正反対の、自己不信、失敗者としての自画像が示されているばかりである。あたかも、フランクリンの『自伝』のネガ、もしくは、パロディーとして書かれたかのようである。フランクリン的な自伝を正統派とすれば、これは自伝の異端であるといえよう。いや、自伝の突然変異といった方がいいかもしれない。なぜなら、『教育』においては、書き手の精神は、自己へと求心的には向かわずに、自己をとりまく世界、他者、歴史へと遠心的に運動している点で、普通われわれがイメージする自伝とは大いに異なるからである。また、語りの人称も自伝の定石を逸脱している。それは、一人称ではなく、三人称である（三人称の自伝といえば、われわれは、ヴィーコの『自伝』、カーライルの自伝〔正確には半自伝〕『衣裳哲学』ぐらいしかすぐに思い浮かべられない。三人称の自伝は、自伝の歴史においては少数派である）。これら『教育』における二つの特性に光をあてるだけでも、それを自伝文学というジャンルに位置づけようとする試みが容易ではないことがわかる。なぜなら、『教育』を自伝ジャンルに位置づけようとすればするほど、逆説的に、その反―自伝性が露呈してくるからである。『教育』にとって、自伝というジャンルは反面教師としての意味をもっているだけなのである。それゆえ、『教育』を文学史的に位置づける試みは、むしろ、自伝ジャンルという枠をとり払った方が容易で実りあるものになると思われる。

では、どのような観点から『教育』をとらえればいいのだろうか。それは、認識論的な（知的探究の）旅が、たまたま自伝の形式をとっている、という観点からとらえるべきである。より正確に、具体的に言おう。『教育』は、認識論的な旅の円環性、および観念性、百科全書性という観点から文学史的に位置づけることが可能であるということだ。具体的には、以下のような文学作品の系譜につらなるものである。それは、ダンテの『神曲』、ジャン・パウルの『巨人』、フローベールの『ブヴァールとペキュシェ』、そして先ほどあげた、カーライルの『衣裳哲学』の系譜につらなるものであり、話をアメリカ文学に限定するならば、メルヴィルの『白鯨』、トマス・ウルフの『時と河について』（を中心とする長大な大河小説）、ピンチョンの『V.』などと構造的な類似性を有していると言える。ジャンル的にいうなら、メニッペア・サタイアー、アナトミー、パラドックスというジャンルに属するといってよい。『教育』は、近代の秩序づけられた合理的システムと、秩序づけられていない具体的事象との乖離を示すことで、前者をわらいとばそうとする文学であり、「教育」のメタファーで世界（と人間の関係）を解釈し、分析《ディセクト》（解剖）した作品であり、「教育」というプロテウス的変幻自在性とヤーヌス的多義性を有した概念の「解剖学《アナトミー》」であり、フランクリンに象徴されるアメリカ的ドクサ（「成功」＝「アメリカの夢」、「自己信頼」）に対する、あるいは、ダーウィニズム、歴史主義などに代表される十九世紀的ドクサに対してのパラ－ドクサ（パラドックス）なのである。

さて、それでは、『ヘンリー・アダムズの教育』という作品における「旅」とは、具体的にはいかなるものなのだろうか。まず、この作品の表題からそこへ入ってゆくことにしよう。

アダムズがこのような表題を選びとった理由として、アーネスト・サミュエルズは、アダムズが『教育』を執筆する直前に、マリヴォーの『ある王子の教育』（*L'Éducation d'un prince*）を読んでいるという事実を指摘している（『ヘンリー・アダムズ』〔一九六四〕）。サミュエルズはその論拠として、『ある王子の教育』における、高貴な家柄ゆえに将来の成功が約束されている王子が、大統領を二人も輩出した家柄に生まれた政界の「王子」アダムズと重なるという点をあげている。確かにこのような意味で、マリヴォーの作品は、表題を選ぶ際アダムズに影響を与えたかもしれない。が、そのような表面的な類似性ではなく、構造的な類似性を有している作品として他に考えられるのが、フローベールの『感情教育』という幻滅小説である。『感情教育』における「教育」とは、幻滅を通じて学びとってゆく「教育」という意味あいを有しており、それは、アダムズの『教育』の認識論的プロセスと重なる。なぜなら、アダムズの『教育』も、構造的には、幻滅の繰り返しによる、主人公（あるいはアンチヒーロー）アダムズの知的、情緒的形成（＝Bildung＝教育）であるという点で、フローベールの幻滅小説『感情教育』ときわめて似かよっているからである。

表題の文学史的な出自にかんする穿鑿はこのくらいにしておこう。問題は、この表題が『教育』というテクストとの関連において意味することであるからである。すなわち、この作品における「教育」という概念の意味あいである。

「教育」という言葉は、作品中では、単に「学校教育」という狭義の概念としては用いられてはいない。もちろん、作品中には、植民地時代以来の伝統的なピューリタン的教育に特徴的な、ラテン・スクールにおけるラテン語偏重の教育、そしてエリート教育（ラテン・スクール→ハーヴァード大学というコース）が正確に描かれており、教育史のテクストとしても読めるが、この作品で用いられている「教育」という概念は、そのような「学校教育」という意味に限定されない。それどころか、ときには、「学校教育」へのアンチ・テーゼとして用いられている感がある。それは、さまざまな意味内容を包みこむ広い概念であり、時としてメガロマニアックな拡大をみせることすらあるが、作中、大体三つの機能を有しているように思われる。ひとつは、目的語、対象物として。つまり、ヘンリー・アダムズが探しもとめ、学びとってゆく教育として。二つ目は、プロセスとして。つまり、アダムズが教育を学びとるプロセスとして。三つ目は主語として。つまり、読者に対してなされるアダムズの教育として。そしてこのような三つの機能を有している「教育」は、知識、有意義な人生経験、教訓、などさまざまな意味を与えられているが、「教え」という広義の意味に解するのが妥当であると思われる。すると、ヘンリー・アダムズの「教育」とは、アダムズがさがし求め、学びとってゆく「教え」であり、彼がさまざまな「教え」を学びとる過程であり、また読者に伝えられる彼の「教え」でもある、という三重の解釈を可能にするのである。

それでは、このようなヘンリー・アダムズの（学ぶ）教育（のプロセス）とは、具体的にはいかなるものなのか。それは、「失敗」と「幻滅」のくりかえしからなる「旅」であり、前述したとおり、すぐれて認識論的な営みなのである。

＊

アダムズの「教育」、それはまず、連続性の観念を具体的事象に適用することの不可能性を学びとってゆく過程であった。十九世紀に支配的な思想となった歴史主義、それは、すべての事象を〈歴史〉という理性に照らして、一元的に、機械論的因果律にもとづき、目的論的にとらえる「科学」であったが、アダムズによって「生きられた歴史」は、この〈歴史〉という「科学」的モデルをことごとく裏切るものであった。

たとえば、『教育』の冒頭から、すでに非連続性の「教育」は始まっている。そこでは、静的で秩序づけられた予定調和的な世界が、十九世紀中葉、とりわけ、十八世紀の象徴であった祖父の死とともに砕け散り、その後の混沌とした流動的な社会的現実のなかで、十八世紀という「楽園」から追放されたアダム＝アダムズが、自己を導いてくれる「教育」を探しもとめて、知的航海へと旅立つ様が描かれる。が、この十九世紀に船出した孤独な航海者アダムズは、自分を導く「教育」を見いだすことができない。彼は、〈歴史〉という羅針盤に頼ろうとするが、彼の経験する歴史は、乱流のようで、無目的で法則性を欠いている。たび重なる戦争は、〈歴史〉の合理性、連続性を裏切ってしまう。アダムズによって「生きられた歴史」は、ところどころで分断されている。たとえば、南北戦争を境に、アメリカが、倫理的な政治システムから金権的で腐敗した政治システムに移行する様が、また、経済的にも技術的にも大変動をとげる様が克明に記されている。そして、『教育』で強調されるもうひとつの「断面」は、一八七一年であり、それはヨーロッパ史の転換点であるとアダムズは述べる（具体的にそれがどのような転換点であるのか、アダムズは明確に記していないが、その時点を境に、ヨーロッパ史は秩序から混沌へと向かうと言っている）。またそれに加えて、『教育』のテクスト自体が、一八七一年の記述以後二〇年程中断するという自己言及的身振りを行うことで、この「断面」をメタレベルで強調しているのである。

このように、乱流のようで、ところどころ分断されている歴史に対し、アダムズは何ら科学的な〈歴史〉法則を打ち立てることができない。そして、そのような自己を「失敗した」歴史学者であると規定している（第二〇章「失敗」）。しかしながら、彼は、自分を単に全くの失敗者とみなしていただけなのだろうか。いや、これは同時に、多分に戦略的なものでもあろう。それは、既成のシステムのなかでの「失敗者」を演じることで、そのシステムから脱け出ようとする逆説的な身ぶりなのである。システムから脱け出るばかりではない。それは、アダムズにとって建設的な行為であった。なぜなら彼は、連続性にもとづく〈歴史〉の科学的理論を発見できないという「失敗」を、新しい歴史記述の創造という肯定性へ弁証法的に転じるからである。これこそ、十九世紀的ドクサに、自虐的ともいえる身ぶりで必死に抵抗を試みるアダムズのパラドックス（パラ－ドクサ）であった。

では、新しい歴史記述とは何か。それは、歴史のなかに「切断の諸現象」（フーコー）を見いだすことであり、システムとシステムの「閾」を探しもとめることであり、システムが化学的な「位相《フェーズ》」のように非連続的に移行する様を記述することである。アダムズの歴史は、『教育』はもとより、すべてこのような方法論で書かれている。たとえば、政治史である『アメリカ史』（一八八九―九一）。そこでは、一八一二年戦争という「閾」を境に、アメリカという「国家」（単なる領土的レベルの国家ではなく、人民の意識の内に表象される理念的な「国家」。ベネディクト・アンダーソン言うところの「想像の共同体」としての「国家」）が出現する様が記述されている。あるいは、一八七六年に行われた講演「女性の原初的権利」。ここでは、〈女性〉はギリシア時代までは、「共同体」に属する存在であったが、ローマ時代には「家」に法的に従属する存在（「父」に従属する存在）と化し、さらに、キリスト教世界においては、「従順」で「貞潔」なイメージをおしつけられることで、倫理的に〈男性〉に従属する性として表象されるようになったと述べられている（ちなみに、このように〈男性〉に従属させられた〈女性〉が、〈男性〉に反旗をひるがえす物語（いや反―物語）が、フェミニズム小説『エスター』（一八八四）である）。そして、アダムズの新しい歴史記述の方法論がもっともあざやかに示されているのが、中世史『モン・サン・ミシェルとシャルトル』である。第一部の第二章ですでに詳しく述べたように、これは、ロマネスクとゴシックという様式上の対立のみでなく、中世人の思考、メンタリティーにおける「切断の現象」（男性原理→女性原理）を、モン・サン・ミシェルとシャルトルのあいだに見いだそうという試みなのである。それは単なる建築史、美術史ではなく、歴史における非連続性の観念を具体例に即して示した書なのだ。それゆえ、これは内容にみられる中世回帰とは裏腹に、方法論的には、きわめて現代的な作品なのである。しばしば、この作品は『教育』と対立するものとして論じられているが、『教育』で呈示された歴史記述の方法論、歴史哲学が実践されているという意味においては、『教育』と表裏一体の関係にあるといえよう。

＊

アダムズの「教育」、それはまた、進化、および進歩の観念への懐疑であった。この懐疑は、歴史主義と同じく十九世紀を支配した思想であるダーウィニズムとの対決において、はっきりと示されている。アダムズは、ダーウィニズムにみられる単線的で、均質で調和的な自然淘汰の説に疑問をなげかける。それは、主に古生物の存在をもとにしてである。つまり、或る古生物は何ら種の移行を示していない点で、ダーウィニズムにおける種の連続的進化という理論を裏切っているとアダムズは考えるのである。また、古生物が、人間と連続的に鎖でつながっているという考えには、何ら有力ではっきりした地質学的、生物学的証拠は存在しないと不満をもらし、その説を疑問視している。アダムズは、結論として、ダーウィニズムにおける予定調和的な自然淘汰の説は、神の存在を否定する思想ではなく、「存在の大いなる連鎖」という神学的観念を生物学の用語で言いかえたものにすぎないと看破している。そして、それは具体的な事象と乖離したフィクションであると批判している。

アダムズは、ダーウィニズムを理論的に、内在的に批判するばかりではない。それを社会的、歴史的コンテクストにおいても批判している。つまり、社会、歴史は進歩し、進化するという考え方に批判の矛先を向ける。たとえばアダムズは、『教育』において、民主主義政治が、時代を下るにつれて腐敗し、堕落してゆくことを示すことで、社会は道徳的に進歩しないと言明している（これはアダムズが小説『デモクラシー』においてすでに追求したテーマである）。あるいは、アダムズをとりまく世界、歴史が、時間の流れとともに不可逆的に無秩序で混沌としたものと化すプロセスを記すことで、社会が目的論的に混沌から秩序へ向かうという進歩、進化の思想に疑問をさしはさんでいる。そしてアダムズはのちに、社会、文明が、さらには宇宙が、解体と無秩序へ向かう傾向を有していることを、熱力学の第二法則（いわゆるエントロピーの法則）をもとにして説くことになり（『民主主義的教養の堕落』）、シュペングラー的終末史観を展開するに至るのである。

＊

アダムズの「教育」、それは第三に、「カオス」という事象の発見であった。デカルト、ニュートンらの古典主義的思考は、世界を数学的な普遍的な秩序のもとに構成しようとし、「カオス」現象を排除する思考であった。このような〈近代〉の合理主義的エピステモロジーは、十九世紀になるとラプラスをへて、さらに強固なものとなるのだが、アダムズは、具体的事象は決して数学的に秩序立ってはおらず、「カオス」状態にあることを示すことで、そのようなエピステモロジーを根底から疑うのである。

アダムズの経験、彼が生きた歴史、それは「カオス」との遭遇のくりかえしである。政治的にも、歴史的にも、また人間の行動様式、心理などあらゆるところに「カオス」が見られるばかりである。とりわけ、アダムズが姉の死後にみたモンブランの「悪夢」においては、宇宙そのものが「カオス」として示される。そこでは、アダムズは、モンブランの美的な景観の背後に、無秩序の無気味なエネルギーの活動をかいまみるのである。カント風に言うなら、「現象」の背後にある「物自体」を見てしまうのである。このような「悪夢」から逃れるため、アダムズは、「教育」を心理学、化学、物理学のうちに求めようとする。が、このような、「カオス」をのがれようとする「教育」が、逆に「カオス」の悪夢を現実化してしまう。心理学によって彼は、意識下にひそむ、無意識の「カオス」を知り、化学によって、気体の分子運動の「カオス」を知り、物理学を通じて、超感覚的な原子の「カオス」を知るのである。そして、人間の秩序づけられた表象の世界の背後に存在している、分節化されず秩序づけられていない「カオス」としての自然、宇宙を発見するに至り、次のように述べる。

混沌は自然の法則であり、秩序は人間の夢であった。(第三一章)

さて、ここでアダムズの「教育」もいよいよ最終段階をむかえる。このような「自然の法則」である「混沌《カオス》」のなかにあって、人間はどのようにおのれの「夢」を織りつむいできたのか、つまり、いかにして「混沌《カオス》」から「秩序」を創り出してきたのか、とアダムズは問いかけるのだ。そしてその解答が、人間の歴史、文化を「力」の劇としてとらえようとする「歴史の力学的な理論」(第三三章)である。本書の序論ですでに言及したが、繰り返し述べるなら、それは以下のようなものだ。

人間の〈精神〉はひとつの「力」である。この「力」は、混沌とした自然の「諸力」をさまざまな象徴的秩序に分節化し組織し、また、それら「諸力」を食物のように同化してきた、とアダムズは言う。たとえば、「神」という形でそれら「諸力」をコード化したり、あるいは、「諸力」を道具やエネルギーとして用いることで、人間の〈精神〉は、「諸力」を統制し、また自らの「力」の範囲を拡大し、複雑なものとなってゆくのである。さらに道具をテクノロジーに発展させ、より自らの「力」を拡大する。そして、しだいに、それらテクノロジーを通して世界と間接的にかかわるようになり（たとえば印刷術）、テクノロジーは人間の〈精神〉の一部として同化されるのだ。このように、外的「力」を自らの内的「力」へと同化してゆくのが〈精神〉であり、それは外界と共生関係にある開放系なのである。道具やテクノロジーと、複雑な機械のように、リゾーム状にからみあっているシステムが〈精神〉なのである。「諸力」がせめぎ合う「場」（環境）の中で、「自己調整」（第三一章）しつつ変容するシステムなのだ。これは世界から自立した実体、物質から切りはなされたデカルト的主体ではなく、また、歴史とともに変容をとげてゆく点で、アプリオリな主体《サブジェクト》とは異なる。それは、世界、歴史に対して従属者《サブジェクト》であることによってのみそれらを支配することができる主体《サブジェクト》なのである。

アダムズは、このような〈精神〉の歩みを「教育」と呼んでいる。ここでは、「教育」は、単にアダムズ個人の「教育」ではなく、人類の「教育」を意味しているのである。

おわりに——見果てぬ夢

これまで、アダムズにおける「歴史」の問題について、彼の三つの主著に即して、詳しく論じてきた。が、その他に、アダムズと歴史の関係を考える上で、忘れてはならないテクストがある。それは、「歴史に応用されたフェーズの法則」（一九〇九）という論文である。この論文には、アダムズのどのようなメッセージが記されているのか。それについて、本書の「序論」で概説した点を、より詳しく具体的に記し、第一部のしめくくりとしたい。

右の論文において、アダムズは、歴史学と熱力学の間を「横断」し、「フェーズの法則」を歴史学に応用している。フェーズとは、温度や圧力など条件の変化によって、物質がとりうる変化の相を意味している。いわゆる「物質の三態」である。アダムズは、歴史（思想史）にも、融解や気化のような急激な変化がみられるのではないかと推察する。そこで彼は、相から相の断層面を、一六〇〇年と一九〇〇年に見いだし、一六〇〇年以前を「宗教の相」、一六〇〇年から一九〇〇年を「機械の相」、一九〇〇年以後を「電子の相」と名づけた。そしてアダムズは、それぞれの相の内部においで変化はほとんど生じないが、相と相の間においては、氷が水になるのと同じくらい急激な変化が起こると述べている。

アダムズは、このようなパラダイム・ヒストリーについて概観はしたが、実際に、具体的に詳しく考察したものとしては、先程見た『モン・サン・ミシェルとシャルトル』があるだけである。『教育』には、一九〇〇年におけるパラダイムの転換に際してのアダムズの衝撃は記されているが、アダムズはそれを、さまざまな分野を「横断」しつつ体系的にまとめあげることはしなかった。というよりも、それが『教育』を書いている現在にあまりにも近い出来事だったので、客観化（対象化）してとらえることが不可能だったのであろう。

しかしながら、アダムズが企図したような壮大なパラダイム・ヒストリーは、単なる夢として終わることはなかった。なぜなら、われわれがすでに知る通り、二十世紀には、カッシーラー、ホワイトヘッド、ラヴジョイ、フッサール、トーマス・クーン、フーコーらによって、次々に精密で体系的なパラダイム・ヒストリーが生みだされることになるからである。

注

（1）Susan L. Mizruchi, *The Power of Historical Knowledge* (Princeton : Princeton University Press, 1988), p. 63.

（2）Lois Hughson, *From Biography to History : The Historical Imagination and American Fiction 1880-1940* (The University Press of Virginia, 1988).

（3）Mizruchi ; p. 50.

（4）David W. Noble, *The End of American History* (University of Minnesota Press, 1985).

(5) ハーバート・バターフィールド「歴史叙述」(ヒストリー・オヴ・アイディアズ『歴史叙述』所収)、鈴木利章訳、平凡社、一九五頁。

(6) アダムズがフランスの公文書館を利用したいきさつについては、Max Isaac Baym, *The French Education of Henry Adams* (Columbia Univ. Press, 1951) に詳しく書かれている。

(7) ドミニク・ラカプラ著『歴史と批評』(一九八五)、前川裕訳、平凡社、四一頁。

(8) アーサー・C・ダント著『物語としての歴史—歴史の分析哲学』(一九六五)、河本英夫訳、国文社。

(9) Hayden White, *Metahistory : The Historical Imagination in Nineteenth-Century Europe* (Baltimore : The Johns Hopkins Univ. Press, 1973).

(10) Lois Hughson, *From Biography to History*, pp. 14-29.

(11) アダムズは一八一二年戦争を、単にアメリカとイギリスの間の戦争ではなく、ナポレオンの「大陸システム」にアメリカが「参入」していった結果生じた戦争であるとみなしている。

(12) White, *Metahistory*, pp. 17-18. "The informing presupposition of Contextualism is that events can be explained by being set within the 'context' of their occurrence. Why they occurred as they did is to be explained by the revelation of the specific relationships they bore to other events occurring in their circumambient historical space....the Contextualist insists that 'what happened' in the field (=the historical field) can be accounted for by the specification of the functional interrelationships existing among the agents and agencies occupying the field at a given time."

(13) このなかでもとりわけ社会史の部分は、人口学的アプローチの方法を用いており、アナール派との親近性を示していると思われる。

(14) John Carlos Rowe, *Henry Adams and Henry James* (Cornell Univ. Press, 1976).

(15) Henry Adams, *Mont Saint Michel and Chartres* (Penguin Books, 1986), p. 57.

(16) *Ibid.*, p. 46.

(17) *Ibid*., p. 70.
(18) *Ibid*., p. 61.
(19) *Ibid*., p. 70.
(20) *Ibid*., p. 168.
(21) *Ibid*., p. 42-43, p. 45.
(22) *Ibid*., p. 13.
(23) *Ibid*., pp. 70-71.
(24) *Ibid*., p. 71.
(25) *Ibid*., p. 71.
(26) *Ibid*., p. 75.
(27) *Ibid*., p. 82.
(28) *Ibid*., p. 139.
(29) *Ibid*., p. 17.
(30) *Ibid*., p. 26.
(31) *Ibid*., p. 27.
(32) *Ibid*., p. 34.
(33) *Ibid*., p. 7.
(34) *Ibid*., p. 7.
(35) *Ibid*., p. 202.
(36) *Ibid*., p. 207.
(37) *Ibid*., p. 306.

＊第一部で使用した『アメリカ史』、『モン・サン・ミシェルとシャルトル』、『教育』のテクストは、以下の通り。

Adams, Henry. *History of the United States of America during the Administrations of Thomas Jefferson.* The Library of America, 1986. *History of the United States of America during the Administrations of James Madison.* The Library of America, 1986.

Adams, Henry. *Mont Saint Michel and Chartres.* Penguin Books, 1986.

Adams, Henry. *The Education of Henry Adams,* ed. Ernest Samuels, Houghton Mifflin Company, 1973.

＊なお、本章は以下の四つの拙論をもとにして書かれたものである。

●「横断する知性――ヘンリー・アダムズの現代性」（『中央評論』第一九三号、一九九〇年一〇月）

●「重ね書きされた羊皮紙――アダムズの『アメリカ史』を読む――」（『英語英米文学』第三二集、中央大学英米文学会、一九九二年三月）

●「教会を読むアダムズ――横断と切断――」（『人文研紀要』第一六号、一九九二年八月）

●「ヘンリー・アダムズの〝教育〟」（『白門』第四四号、中央大学通信教育部、一九九二年四月）

また、本章は、拙論「横断する知性――ヘンリー・アダムズの現代性――」（中央大学人文科学研究所編『批評理論とアメリカ文学』［研究叢書一二］、中央大学出版部、一九九五年三月、所収）、および、拙著『小説より面白いアメリカ史』（中央大学出版部、二〇〇五年七月一日）の第一九章にもとづいている。

第二部　『ヘンリー・アダムズの教育』補記

第一章　空白の（削除された）二〇年

はじめに

『ヘンリー・アダムズの教育』には、二〇年間の「空白部分」があることはよく知られている。第二〇章（「失敗」）と第二一章（「二〇年後」）のあいだ、つまり一八七二年から一八九一年にかけてのアダムズの「教育」が全く記されていないのである。

この「空白部分」については、これまでいくつかの研究がなされてきた。アーネスト・サミュエルズは、評伝『ヘンリー・アダムズ』の第二部において、この時期のアダムズの「教育」全体にわたって詳細な研究を行っている。[1] また、エドワード・チャルファントは『ヘンリー・アダムズ伝』の第二部において、この「空白部分」に光をあてており、とりわけ『アメリカ史』の執筆過程について詳細な研究を行った。[2] そして、「空白部分」の研究の中でも特に注目に値するものとして、ユージェニア・カレディンの『ヘンリー・アダムズ夫人の教育』があげられる。[3] これは、フェミニズムの観点から書かれた、アダムズの妻マリアンの評伝であり、マリアンの「悲劇」を、〈男性〉中心的文化において抑圧・排除された〈女性〉の「悲劇」としてとらえている。同時に、ヘンリー・アダムズが、マリアンとの結婚生活、そして、マリアンの自殺という悲劇的事件をつうじて、いかに自らのアイデンティティーを変化させていったか、男性中心主義（ロゴス中心主義）に疑問をいだくようになっていったか、というアダムズの「教育」について詳しく論じた労作である。「空白の二〇年間」における「歴史家」としてのアダムズについては、ウィリアム・デュシンベリーが詳しい研究を行っている。(4) 彼は、歴史家としてのアダムズ、なかでも「空白の二〇年間」におけるハーヴァード大学の歴史学の助教授アダムズ、『アメリカ史』を書いたアダムズは、決して「失敗者」ではなかったことを実証し、アダムズは妻の自殺以後みずからを「失敗者」と規定してから歴史家としての自分に「失敗者」のレッテルをかぶせようとしたのであり、それは彼が自分のまわりにつくりあげた「神話」であると結論づけている。「空白の二〇年」における「政治」とアダムズのかかわりについては、ブルックス・D・シンプソンが詳しい考察を行っている。(5) シンプソンは、特にグラント政権に対するアダムズの批判、彼の政治改革運動を中心に考察し、同時代の政治に対して「影響力」をおよぼそうとしたがそれに「失敗」したアダムズの「政治教育」について述べている。

その他、「空白の二〇年」について言及している研究者としては、ロバート・F・セイヤー(6)とウィリアム・メリル・デッカー(7)があげられる。前者は、「空白の二〇年」を境に『ヘンリー・アダムズの教育』は第一部と第二部に分けることができ、三三歳のアダムズと五三歳のアダムズのコントラストを強調するには二〇年間を説明するより空白にした方が効果的であるゆえ、アダムズはこの部分を「空白」にしたのだと推論している。また後者は、『ヘンリー・アダムズの教育』は公的生活にかんする自伝であり、主として私的な出来事から成る二〇年間を削除することでアダムズの教訓が私的なものになることを防いでいる、と述べている。両者とも、テクストの美学的側面から「空白の二〇年」(の妥当性)を説明しようとするものである。

また、わが国にかんして言えば、日本におけるアダムズ研究の草分けである刈田元司氏は、アダムズの妻との生活から妻の自殺にいたる時期を明らかにすることは、「アダムズの性格を解明する一つの鍵となるであろう」と述べている。[8] そして巽孝之氏は、二〇年の「空白部分」について、「その間には妻マリアンの自殺(一八八五年)と日本をも含む海外旅行(一八八六年)という、セクシュアリティとエスニシティの点ではあまりにも重要な経験がひそんでいる」[9]と述べている。

本章は、これら先行研究の成果を十分ふまえつつ、『ヘンリー・アダムズの教育』の「空白の二〇年」に光を投じようとする一つの試みである。テクストにおいて一見〈不在〉であるが、〈伏流〉のように〈存在〉しているアダムズの「教育」を解明しようとする試みである。「空白の二〇年」におけるアダムズの伝記的事実、自己形成のプロセス(心理的変化、認識論的変革等)はいかなるものなのか? また、アダムズはなぜこの二〇年をテクストの中で「空白部分」とした(削除した)のか? 以下の論考は、これらの問に、可能なかぎり答えようとするものである。

一 政治改革運動

「空白の二〇年」のアダムズの「教育」、それは、政治改革運動ではじまる。

いわゆる「金ピカ時代」のアメリカにおいては、政府と産業の癒着、ジェイ・グールドなどの新興資本との癒着がはげしくなり、とりわけグラント政権において数多くの汚職事件がおこり、政治腐敗が進んだ。共和党内の一部の人々は、このような状況に反発し、「リベラル・リパブリカンズ」(自由共和派）を結成し、政治の浄化、改革を訴えた（彼らの多くは、グラント、ブレイン、コンクリングといった共和党の新指導層から排除された人々であった）。彼らは、党に対する忠誠・献身の見返りとして官吏を任命する「スポイルズ・システム」こそ政治腐敗の原因であるとし、「任用試験制」（能力と業績にもとづき官吏を任命する制度）を唱えた。

ヘンリー・アダムズも、リベラル・リパブリカンズの改革運動に共鳴し、自らが編集する『北米評論』を主な舞台として、グラント政権を批判し、改革運動に加わった。このリベラル・リパブリカンズのメンバーたちは、カール・シュルツ上院議員を中心的存在として据え、アダムズの父チャールズ・フランシス・アダムズを次期大統領に選出しようとした。しかしながら、リベラル・リパブリカンズは、穏健派と反・グラントを標榜する改革派（ヘンリー・アダムズもその一人）との間で分裂し、結局は、改革に積極的ではない（グラント政権と仲たがいしたときのみ官吏任命制度の改革を唱える日和見主義者である）ホーレス・グリーリー（民主党が指名）を大統領候補として支持する。が、一八七二年の大統領選挙では、グラントは北部の州すべてを制し圧勝し、グリーリーは惨敗する。

このようにして、アダムズの政治改革運動の第一幕は「失敗」に終わったのであるが、一八七四年ごろになると、彼は再び政治改革運動にのりだす。グラント政権全体を巻き込んだクレディ・モビリエ事件（これはユニオン・パシフィック鉄道の建設を請負った建設会社が、公有地の払い下げなどを期待して、政治家たちに会社の株を半額で贈与した一大汚職事件である）、一八七三年からつづく経済不況、それらを反映した、一八七四年の中間選挙での民主党の勝利、これらの状況をみた改革者らは、一八七四年、「独立党」（Independents）と称する新党を結成した。

「独立党」において、アダムズは中心的メンバーとなり、再びグラントの反対勢力であるシュルツと組み、グラントの三選、あるいは、下院議員、下院議長を歴任した共和党のジェイムズ・G・ブレインの大統領当選を阻止するべく立ちあがった。アダムズは、共和党において自分たちの意にそった候補が出されればそれを支持し、さもなければ民主党の候補を支持しようと考えていた。そしてアダムズらは、有力な大統領候補として財務長官ベンジャミン・ブリストウを支持しようとした。ブリストウは、名目上はグラント政権の一員であるが、政府内の不正をきびしく追及していることで知られていたからである。

ところが、独立党内部での意思統一はなかなかうまくゆかなかった。ブリストウを支持する者あり、民主党の候補として有力なティルデンを支持しようとする者あり、独立した行動を唱える者あり、党内は分裂状態にあった。しかも、党の中心人物であるシュルツは、共和党から完全に抜け切っておらず、既成政党と一線を画してそれに影響を与えようとする「第三党」としての独立党という考えに完全にコミットできなかった。また、シュルツは、もし共和党がふたたび政権をとったら政権内の有力ポストを得たいと考えている、私利私欲にみちた政治家であったため、共和党と一線を画そうとはしない。独立党として誰を支持するかということに関しては、なかなか立場を明らかにせず、共和党大会で誰が指名されるかを待ってから自分の態度を明らかにしようと考える老獪きわまる人物であった。

このように独立党が分裂状態にあるなか、一八七五年、オハイオ州知事選において共和党のラザフォード・B・ヘイズが勝利し、共和党内においてにわかにヘイズが次期大統領の有力候補とみなされるようになる。ヘイズはブレインと並ぶ有力候補となる。そんななか、一八七六年四月、ブレインのユニオン・パシフィック鉄道会社とのあいだの汚職事件が発覚する。すると、ブレインよりもヘイズの方が有力視されるようになる。また、ブリストウの勝利の見込みがないとわかってくると、共和党内におけるブリストウの支持者たちは、ブレインが大統領になることを阻止するため、グラントの側近であるコンクリングらと結びつき、ヘイズ支持に転じる。共和党内の主流派（グラントの三選をめざすストールワート派〔頑固派〕）とこれに対抗したハーフブリード派〔中間派〕との間に妥協が成立したのである。ヘイズは改革推進派として期待されていた。そのため、独立党のメンバーの多くは、このような情勢をみて、ブリストウからヘイズ支持に転じ、共和党へ傾き、吸収されてゆく（シュルツも、ヘイズ支持を表明する）。そして一八七六年六月、共和党の大統領候補としてヘイズが指名される。

独立党の多くのメンバーにとり、改革を唱えるヘイズが共和党の候補になったことは歓迎すべきことであった。しかしながら、アダムズにとってはそうではなかった。なぜなら、共和党とは一線を画した「第三党」として独自の路線を歩もうとした独立党が、ヘイズ支持によってふたたび共和党内部に吸収されることになり、既成政党に取って代わろうとした「第三党」としての独立党は、実質的には死に絶えたからである。

アダムズを含む、共和党と一線を画す独立党のメンバーは、六月、ヘイズの指名をみて、民主党のサミュエル・ティルデンを支持することを表明する。ティルデンは、かつてアダムズと共にジェイ・グールドを批判したこともあり、ヘイズよりも改革推進派とおもわれたからである。しかしながら、一八七六年一一月の大統領選挙では、結局ヘイズが勝利を収めることになる。かくして、アダムズの政治改革運動の第二幕は「失敗」に終わるのである。

アダムズの政治改革運動の第三幕は、新党結成という直接的行動ではなく、政治小説の執筆というかたちで演じられる。すなわち、小説『デモクラシー』である。

すでに述べた通り、一八七六年六月の段階で、独立党の構想は潰えており、アダムズは、直接的行動によって政治にはたらきかけるのが不可能であることを知った。そして彼は、七月になると、一八六七年から書きはじめ一時中断していた政治小説にふたたびとりかかる。執筆はものすごいスピードですすみ、四月に発覚したブレインの汚職事件を素材にとり入れながら、一八七六年九月ごろにはほとんどが完成されたと推定される。[10]

このようにアダムズが『デモクラシー』の執筆を急いだのは、もしヘイズが当選した場合政治腐敗の元凶であるブレインを有力ポストにつけるのではないかと危惧し、この実話小説(汚職事件をおこす政治家はブレインをモデルとしている)の出版によってそれを阻止しようともくろんだからである。しかしながら、ヘイズが当選して以後、ブレインが有力ポストにつく見込みがないと確信すると、一八七六年にこの小説を出版する必要はなくなった。

結局『デモクラシー』は、一八八〇年四月、匿名で出版される。四年前にはほとんど完成していたにもかかわらず、一八八〇年四月にあえて出版したのはなぜか? それは、この小説の出版によってブレインの汚職をあらためて明るみに出し、二ヵ月後の共和党大会でブレインが大統領候補に指名されるのを阻止するためである。

さて、そのような意図をもって出版された『デモクラシー』とはいかなる小説か？ ここでその内容をごく簡単に要約しておこう。

この小説の主人公ライトフット・リーは、好奇心の旺盛な才色兼備の若き未亡人である。金と暇をもて余し、ニューヨークにおける退屈な暮らしに耐えられなくなったリーは、或る日、「政治」について知りたいがために、妹のシビルを伴いワシントンにやって来る。彼女はそこで、「政治」という「機構」（＝machine）を、「政治」という劇が演じられる「舞台からくり」（＝machine）を知るために、「政治」の世界へのアリアドネを探し求める。はじめ彼女は、キャリントンという人物をアリアドネとして選ぶのだが、しばらくして、「政治」という「機構」の中枢にいるラトクリフ（Ratcliffe）という共和党の「幹部」（＝machines）の一人に出会い、以降、彼を「政治」へのアリアドネとみなすようになる。イリノイ州出身の上院議員ラトクリフは、次期大統領の最有力候補と目されており、リンカーンの再来とまで評される人物である。リーは、このようなラトクリフの内に民主主義の理想を見い出し、彼の「力」（「権力」）によって、高潔な民主政治が実現されることを確信しつつ、彼の支援者となる。が、しだいに彼女はパトロンの域を越え、ラトクリフを恋するようになる。一方、ラトクリフも、自分が将来大統領になる上で彼女の助力がどうしても必要であり、かつまた長い独身生活のわびしさと孤独から解放されたいがため、彼女を恋するようになる。

ここからは、政治における権力闘争は、恋愛における「権力闘争」とパラレルに進行する。それらは全く別々ではない。なぜなら、民主政治の実現、政治の浄化の手段として「権力」（＝power）

を求めるリー夫人を魅きつけるには、ラトクリフは党（＝party）内における「権力」を手中におさめなくてはならないし、他方、ラトクリフが将来大統領の地位を得るためには、社交的な集まり（＝party）におけるリー夫人の「権力」を、そして彼女のきらめく知性を必要としたからである。

ラトクリフは、党内での権力闘争において、政敵である大統領の側につく者を失脚させようと、さまざまな陰謀をめぐらす。が、なかなか思うようにはいかない。敵もさる者、大統領は、ラトクリフを入閣させることでその権力を弱めるという懐柔策をとる。はじめラトクリフは、この策をワナだと見破ってそれに決して従おうとはしない。しかしながら、恋するリーが入閣を勧めたがゆえに、結局は入閣の申し出を受け入れることになる。恋が政治に勝ったのである。もちろん、それは、将来、機が熟するのを待って政治において勝つためでもある。

他方、恋の世界における「権力闘争」は、政治におけるそれよりもはるかに熾烈である。政治においては、なかなか勝利をおさめることができないでいるラトクリフは、恋の「権力闘争」においては、リーの主催するパーティーに集まってくる政敵ならぬ恋敵を次々に蹴落としてゆく。最大のライバルであるキャリントンに対しては、自分の政治力を利用して、ワシントンから遠くはなれたメキシコにおける官職を紹介することで、リーのパーティーから排除する。そして、「権力闘争」に完全勝利をおさめたと確信したラトクリフは、ついにリー夫人にプロポーズする。

リーは、ラトクリフの申し出を受け入れようとする。が、そのとき、妹シビルが彼女に手渡したキャリントンの手紙によって、ある衝撃的な事実を知らされる。それは、ラトクリフが過去において、ある船会社から賄賂をもらい、自らの権力をもちいてその船会社に有利な法案を可決させた、という事実である。なんと、高潔な民主主義の鑑と思われたラトクリフ（＝Ratcliffe）は、実のところ、腐敗した政界を泳ぎまわるドブネズミ（＝Rat）であったのである。ラトクリフという「リンカーン」の唱える「民主政治」とは、「人民の、人民による、上院議員のための」政治にすぎなかったのだ。[11]

この事実を知ると共に、リーのラトクリフに対する恋は急速にさめてゆき、民主主義の理想としてのラトクリフ像は粉々に打ち砕かれるのである。それと同時に、それまで彼女が徐々にではあるが感じとっていた「政治」という劇のおぞましさ、空しさ、滑稽さ（たとえば、党、あるいは派閥の存続、利益のためならいかなる手段も正当化されうるというマキャヴェリズム、レセプションにおける大統領夫妻の「人形のような」、「おもちゃのような」ふるまいに示された、「権力」というものの空しさ、喜劇性）をあらためて認識する。そして、「政治」という「喜劇」に、「大統領夫人」の役で参加しようとした自分に嫌悪しつつ、ニューヨークに戻り、その後、腐敗した政治の現実を忘れようと、ピラミッドの上に輝く北極星を夢みつつ、エジプトへと旅立つ。

これが、リーの「実験」の結果であった。彼女は、「高潔な共和制」は、現実にはもはや存在し得ないことを知ったのであり、アメリカの政府が「他の政府と何ら異なるところはない」（第一三章）という認識に達し、ヨーロッパから「脱出」したアメリカという考え、アメリカ例外主義が、現実には存在しない「神話」であることに気づくのである。

以上が、『デモクラシー』という政治小説（あるいは幻滅小説）の主な内容である。この作品は、今日では、いわゆる「金ピカ時代」のアメリカの腐敗した政治状況を写し出したものとしては高く評価されているが、小説作品としてはあまり高く評価されていない。たとえば、『アメリカの政治小説』のゴードン・ミルンは、この作品における人物が、著者アダムズの代弁者にすぎず肉体性を欠いている点を批判し、[12]また、ルイス・オーチンクロスは、作品全体を通して「平板（flat）な」印象を与えると断じている。[13]たしかに、この作品における登場人物の多くが、アダムズの「政治」に対する探求の単なる媒体、道具として創造されており、多くの場合、人物同士の関係のディアレクティークによって物語が展開せず、アダムズのテーマに沿って目的論的に物語が進行してゆくために、この作品を小説作品として高く評価することは難しい。もちろん、マウント・ヴァーノンへの小旅行を描いたピーコック風のメニッペア・サタイアー、作品の終わり近く、ラトクリフの本性むき出しの悲劇的、かつ喜劇的なアポロギアなど、ドラマチックな箇所は散見されるが、全体としては小説的興趣を読者に与えてくれない。

が、このように小説自体としては、あまりドラマチックではない『デモクラシー』は、小説外コンテクストにおいて実にドラマチックな小説となった。それは、二つの点でセンセイションをまき起こしたからである。一つは、この実話小説（Roman à clef）のモデルがブレインであったことは誰の目にもあまりにも明白であったため、ブレインにとって再び汚職が発覚したようなスキャンダルとなった（次期大統領の最有力候補であったブレインは、小説の出版の二ヵ月後の党大会では指名されなかった）。第二に、それが匿名で発表されたことにより、その作者についての推測が世間の大きな話題となった（作者がアダムズの妻マリアンではないかという説が有力であった）。『デモクラシー』という小説自体よりも、それが世間にまきおこしたセンセイションの方が、より「小説」的であったと言えよう。

『デモクラシー』という政治小説は、右に述べたような政治的目的を有しており、また、同時代の政治（腐敗）を批判した書であるが、そればかりではない。一方で、この作品は、主人公リーを通して示されるように、「政治」に対する「幻滅」、そして「政治」との「訣別」を表明した作品である。この小説は、その大部分が一八七六年の七月から九月にかけて書かれており、それは、アダムズの「独立党」の改革運動の挫折（六月）の直後である。すなわち、アダムズはこの書において、「政治」批判のみならず、自らの政治改革運動の「失敗」、そこからくる「政治」への「幻滅」、そして「政治」に対する「訣別」を語っていると考えることができる。

事実、アダムズは一八七六年を境として、『デモクラシー』のリー夫人のごとく、「政治」に直接かかわろうとはしなくなる。政治改革運動の「失敗」と「幻滅」は、「政治」との「訣別」につながってゆくのである。そして、改革運動の挫折によって、アダムズの関心は、同時代の政治とは別の領域にうつってゆくのである。別の領域とは何か。それは、「歴史」である。「政治家」アダムズの挫折は、「歴史家」アダムズの誕生であった。

二　『アメリカ史』の執筆

「空白の二〇年」におけるアダムズの歴史「教育」は、一八七二年のマリアンとの新婚旅行にはじまる。旅行中、ベルリンに立ち寄ったアダムズは、歴史家ジョージ・バンクロフトと出会う。当時ベルリンは歴史学のメッカであった。すなわち、原史料（文書、書簡、日記等、当事者が書いた史料）の客観的・批判的研究に基づいたランケの「批判的歴史学」の拠点であった。ここでアダムズは、バンクロフトに紹介されたジーベル（彼はランケの弟子であり、「プロイセン学派」の中心的存在であった）を通して、ランケの開拓した批判的歴史学の洗礼を受けることになる。

一八七三年、アメリカに帰ったアダムズは、教鞭をとっているハーヴァード大学で、ドイツの大学で知ったゼミナール形式を採用し、批判的歴史学の方法論に基づいて歴史を講ずることになる。はじめは、中世史にこの方法論をとり入れていたが、一八七四年になると、アメリカの歴史を批判的歴史学の方法によって研究することになる（彼は、この年、"Colonial History of America to 1789" と題した講座を設けている）。さらに、一八七六年から七七年にかけて、新しい講座 "History of the United States from 1789-1840" を設けている。そしてそれは、のちの『アメリカ史』の出発点となる。

一八七六年、政治改革運動が挫折した後、アダムズは「政治」を断念し、アメリカ史研究に専念するようになる。そして、アルバート・ギャラティンの著作、文書の整理をその息子に依頼されると、ハーヴァード大学を辞職し（一八七七年）、ワシントンに赴く。ワシントンに来てからも、アダムズの主な関心は、同時代の政治ではなく、「歴史」である。一八七七年から七九年にかけて、アダムズは――主として国務省において――『アメリカ史』の原史料を蒐集し、入手した（この頃になると、『アメリカ史』がジェファソン、マディソンの時代を扱ったものになるという計画の大枠はほぼ出来あがっていた）。しかしながら、『アメリカ史』の外交史の部分の原史料をすべてワシントンにおいて入手するのは不可能であった。そこでアダムズは、一八七九年六月から約一年間、マリアンと共に、ヨーロッパに原史料蒐集の旅に出かける。

マリアンとの二度目のヨーロッパ旅行は、イギリス（ロンドン）→フランス（パリ）→スペイン（マドリード他）→フランス（パリ）→イギリス（ロンドン）→フランス（パリ）という遍歴の旅であり、それは時間との戦いの中でなされた「強行軍」であった。また、それは単に史料を集める旅でなく、時として冒険ロマンスの色彩をおびる。なかでも、スペインにおいて、偶然出会った人物の紹介によって目的とする史料にたどりつくというエピソードは、「小説よりも奇」なる事実といえよう。この一年にわたるヨーロッパ旅行の間、アダムズは――かってランケがそうしたように――ヨーロッパ各地の文書庫を経めぐり、『アメリカ史』の外交関係の史料を蒐集した。また、大英博物館では、毎日、新聞等の資料蒐集のため、朝から晩まで研究をつづけたという。

このヨーロッパ旅行から帰国する（一八八〇年九月）と、アダムズは、いよいよ『アメリカ史』の執筆にとりかかる。途中、ジョン・ランドルフの伝記や小説『エスター』の執筆等で、何度か中断はするが、ほぼ一〇年間のあいだ、アダムズは『アメリカ史』に全身全霊を注ぐことになる（彼は、一八八四年のマグワンプ派の改革運動にも大して関心を払わない）。そしてついに、一八八九年から九一年にかけて『ジェファソン・マディソン政権下のアメリカ史』全九巻が上梓される(14)。

『アメリカ史』は、アダムズの個人的なコンテクストにおいてとらえるならば、アダムズ家伝来の理念（とその破綻）、アダムズの政治改革運動（とその挫折）を色濃く反映している。アダムズ家伝来の理念である、「建国の父祖たち」（ファウンディング・ファーザーズ）の理想主義、倫理主義、貴族主義は、『アメリカ史』の主役であるジェファソンをつうじて示され、またそれら理念がアメリカの物質主義、政治腐敗の現実と相容れないものだったという事実は、ジェファソンの政治的理念と現実の乖離というかたちで暗に示されている。また、アダムズの政治改革運動とその「挫折」は、ジェファソンの理想主義とその「挫折」というかたちで暗に示されていると思われる。

次に『アメリカ史』を史学史的コンテクストにおいてとらえてみよう。

(一)　第一に、『アメリカ史』は、文学的歴史から科学的歴史への過渡期に生み出された書であり、それはいまだ文学的歴史の要素を色濃くとどめている。それはマコーレー、プレスコット、モトレー、パークマンなどの文学的歴史の伝統に根ざした作品である。『アメリカ史』におけるプロット、人物描写、人物同士の関係、それは小説さながら多様で、複雑で、ドラマチックである。たとえば、さまざまな人物たちが画策し、網の目のように張りめぐらす「陰謀」、「企て」（＝plot）。それらは、そのまま作品の「筋」（＝plot）となっている（とりわけ、ナポレオンの「陰謀」＝「企て」は、『アメリカ史』のプロットをおし進めてゆく――それも予測不可能な方向に――原動力となっている）。そして人物たちの行為のドラマ性。これは、たとえば、ナポレオンの嵐のごとく激しい動き、悪役アーロン・バーのカメレオン的な政治的変身ぶり、ジャクソン将軍の英雄的行為、などに示される。あるいは人物の性格の多様性。ジェファソンの決然たる態度、頑固一徹な性格、それと好対照をなすマディソンの優柔不断。バーの自己劇化の衝動、自己顕示欲（クーデターの計画をすすめながら、それが世間に知れ渡るようにふるまう自己矛盾的行為にそれは顕著）、ウィルキンソンの日和見的態度。ナポレオンの謎だらけの複雑な心理。これらは、その顕著な例である。人物同士の関係としては、二つの例をあげよう。まずは、ジェファソンと最高裁首席判事のマーシャルの対決。これは『アメリカ史』を通じてもっともドラマチックな関係である。そして、モンローらアメリカの外交官とヨーロッパの外交官の関係。それは、歴史の動きに翻弄される悲喜劇であり、国際関係の複雑性をそのまま写し出す。また、外交文書の発信と到着の時間的なずれがひきおこすアイロニカルなドラマ性、文書の解読における推理小説的サスペンス、これらも、『アメリカ史』をよりいっそう複雑で興味ぶかいものにしているのである。

(二)　このように、『アメリカ史』は、文学的歴史の伝統につらなる作品なのであるが、それは同時に、ランケ伝来の批判的歴史学の強い影響のもとに書かれた作品であることは、すでに述べた通りである。が、それは、ランケの方法論を用いているとはいえ、ランケの「客観主義」を全面的に受け入れているわけではない。そのことは、『アメリカ史』の多視点性、解釈の多様性を通じて示されている。つまり、「事実」は「客観的」にとらえうるものではなく、数多くの人物の「視点」によってさまざまにとらえられ、またさまざまなコンテクスト（たとえば、国内史と外交史のコンテクスト）において多様な意味づけがなされる、ということである。[15]『アメリカ史』は、ランケを批判的に継承することで出来上がった作品なのである。

(三)　第三に、『アメリカ史』を、アメリカ史学史の（アメリカにおける歴史記述の）コンテクストにおいてみてみよう。この点に関しては、以下、具体的に詳しく述べてみたい。

アメリカの歴史学者デヴィッド・W・ノーブルは、その著『アメリカ史の終焉』（一九八五）の中で、一八九〇年を境にアメリカ史像が大きく転換したことを明言している。[16]彼は、一八九〇年以降、それまで自明のものとして受け入れられてきた歴史観が崩壊してゆくという事態を、アメリカの四人の歴史家（ターナー、ビアード、ホフスタッター、W・A・ウィリアムズ）、および政治思想家・神学者であるニーバーの作品を通じて明らかにしようと試みている。それは、具体的には次のようにまとめることができる。すなわち、一八九〇年までのアメリカ史像を支えてきたレトリックである、「高潔な共和制」の理念、ヨーロッパからアメリカへの「脱出」という比喩が、一八九〇年以降、疑問符をつきつけられ、一九四〇年代以降（とりわけ、アメリカの第二次世界大戦への参戦以降）、もはや自明なレトリックとして通用しなくなったということである。

このような「アメリカ史像の転換」というコンテクストにおいて、今、一八九〇年という時期をはさんで相次いで出版されたアダムズの『アメリカ史』を読み直してみよう。するとどうであろう。アダムズがこの厖大なテクストを通じて一貫して述べようとしたこととの一端が見えてくる。それは何かというと、アダムズが、それまでのアメリカの歴史家のアメリカ史観に対するアンチテーゼとして、この『アメリカ史』を書いたということである。つまり、「高潔な共和制」の理念の不可能性、そして、ヨーロッパ（旧世界）からアメリカ（新世界）を分かつ「脱出」の比喩の非妥当性を示しているということだ。アダムズは、アメリカの歴史を、「高潔な共和制」の理念の破綻のプロセスとして、「反―脱出」のプロセスとして読みかえ（再解釈し）ようとしているということである。そうすることで、バンクロフトらアメリカ例外主義者のhistoriographyを支配している「神話」＝「物語」を打ちこわそうとしているのである。以下、それについて、詳しく検討してみよう。

㈢―A「高潔な共和制」の不可能性

「高潔な共和制」とはいかなるものか。それは、『アメリカ史』の第一巻、第五章―七章にかけて詳しく述べられている。そこでは、第一の「独立宣言」とも言うべきジェファソンの「大統領就任演説（第一次）」を中心にして、「高潔な共和制」が説明されている。この「高潔な共和制」の理念においては、ピューリタン以来連綿と受け継がれてきたレトリックが支配的である。ヨーロッパの「堕落」、「腐敗」、「罪」、「愚行」から「脱出」した「無垢な」、「選ばれた」、「アメリカ」、「アメリカ人」。「神に祝福された選民」である「アメリカ人」を待ちうける幸福な「未来」、「ユートピア」の「約束」。そのような「約束」が「成就」するという「預言」……等のレトリックである。これらレトリックをもって示される「高潔な共和制」の主な「原則」、「原理」とは、箇条書きにすれば、以下のようになる。

(a)　調和と一体化。政治的寛容
(b)　多数意思の尊重
(c)　すべての人々に対し、平等かつ的確な正義が行われること
(d)　すべての国と平和的、通商的関係を結び、いかなる国とも複雑で入り組んだ同盟関係（entangling alliances）を結ばないこと
(e)　自営農民の土地所有を基盤とする農業共和国
(f)　アメリカが他国と敵対した場合、戦争によって対処せず、平和的手段（とりわけ経済制裁）によって対処すること

ジェファソンは、これら諸原則、諸原理（＝「預言」、「約束」）が実現（＝「成就」）してこそ、「高潔な共和制」という「実験」は成功すると言っている。はたして、この「実験」の結果はどうであっ

たのだろうか。『アメリカ史』に記される、ジェファソン、マディソン時代の歴史的現実に即しつつ、これら諸原則、諸原理の一つ一つについて、くわしく検討してみよう。

(a) ジェファソンは就任演説において、次のように明言している。「われわれは皆共和主義者であり、またわれわれは皆連邦主義者なのであります。」このあまりにも有名な文句は、アメリカ人が、意見の相違、党派の利害をこえて、「高潔な共和制」の「成就」に向けて、一体となって和してゆくことを、そして、他の党派の存在を許す政治的寛容の必要性を説いたものであるが、はたして現実にこのような「調和」、「一体化」、「政治的寛容」はありえたのか。アダムズの答は否定的である。『アメリカ史』全体を通じて示されるのは、リパブリカンとフェデラリストの間の憎悪にみちた醜い争いであり、かつまた、リパブリカン党内の派閥争い、分裂である。とりわけ、フェデラリストが牙城とする、マーシャルを頭にいだく司法と、リパブリカンからなる行政との争いが、訴訟のたびごとに露呈し〔たとえば、マーベリー対マディソン裁判(一八〇三)〕、また、リパブリカン党内の分裂は、二党間の争いと結びつき、ピッカーリング(フェデラリスト)とバー(反・ジェファソンのリパブリカン)を中心とする連邦解体の陰謀へとつながるのである(Jefferson I, Vol.2, Chap. Ⅷ)。このようにアダムズが我々に示すのは「不調和」と「分裂」ばかりであり、「調和」と「一致」は、ジェファソンが「高潔な共和制」の根幹にすえた「平和」の原則が破られ戦争に突入した時にのみ「成就」するというアイロニーが示されているだけである。

(b) 多数意思の尊重。これについては、一例をあげるだけで十分である。マディソンが一八一二年の戦争に踏み切るところを描く際、アダムズは次のようにコメントしている。

一八一二年の戦争は、始めから終わりまで、とても多くの国民によって激しく抵抗された、という点で際立っている。(Madison I, Vol.2, Chap. XI)

そしてアダムズは、当時五分の四の国民が戦争を回避するべきだと思っていた、と推定している。彼はここで、多数意思の尊重という「高潔な共和制」の中心的な原理が無視されたことを示しているのである。

(c)　すべての人に平等に正義が行われたか。アダムズは、ジェファソンのアメリカ先住民に対する政策を記す際に、この問に対する否定的見解を示している。ジェファソンのアメリカ先住民政策(アメリカ先住民に、自分の土地を耕作し、そこに農民として根づくように勧める政策)は、一見、博愛主義的、人道的にみえるが、アダムズは、その影にかくれた、ジェファソンの、正義に反した非人道的政策をあばいてみせる。それは、アメリカ先住民の部族の長に借金を負わせ、いや応なしに彼らの土地を手離さざるを得ないようにしむける策である。また、ジェファソンが、アメリカ先住民を追い出し、滅ぼす行為を奨励し、アメリカ先住民の絶滅した土地は政府のものであると主張していたという事実を、アダムズは資料的に裏づけている。

(d)　これは、「中立国」としてのアメリカを主張した原則である。この原則は、アミアンの条約によってヨーロッパに一時的に平和が訪れていた間はかろうじて守られたが、フランスとイギリスが再び戦争をはじめてから、徐々にくずれてゆく様子をアダムズは示している。中立国としてヨーロッパから「脱出」しようとするアメリカが、結局は、ナポレオンのシステムに組み入れられてゆく「反―脱出」のプロセスが示されているのだ。

(e) ジェファソンは、自営農民の土地所有を基盤とする農業共和国を理想とし、商業の発達を、「大地に汗する神の選民」にふさわしくない「堕落」として、副次的なものとみなしていたが、この原則は、彼自身の「高潔な共和制」の一原則である「平和的手段」(経済制裁)によって打撃をうけるというアイロニーが『アメリカ史』には記されている。つまり、農産物の輸出に依存していた国内産業は、「出港禁止令」(embargo)によって大打撃をうけたということである。このような打撃を前にして、ジェファソン自身が「農業共和国」の「成就」を断念し、商業に力を入れるようになるのである。

(f) いかなる場合も、戦争という手段を避け、平和的解決策をとるという原則は、ジェファソンの「高潔な共和制」の理念の中で最も重要なものであった。彼は、「アメリカ」という「新世界」だけは、「ヨーロッパ」という「旧世界」で行われた「血を流した戦い」=「愚行」=「罪」から「自由」であるべきだと唱え、「永久平和」を心の底から信じていた。それゆえに、イギリスと戦争になりかけた時も、すでに述べたように、「出港禁止」という平和的手段=経済制裁にうったえたのである。アダムズは、この「出港禁止」の政策がうまく機能せず、結局はジェファソンの政治的生命を断つ様を詳しく描いている。そして、マディソン政権下では、このジェファソンの「原則」がほとんど完全に無視され、一部の若い「タカ派」の議員たちにひきずられるようにして、アメリカが、国民の反対にもかかわらず戦争を始めるという悲劇を、冷徹な眼差で描き出している。

以上述べてきたように、アダムズは、『アメリカ史』において、「高潔な共和制」という理念の不可能性を、それが現実には不可能な「夢」であることを実証している。「周囲を腐敗の海に囲まれて浮かぶ政治的、経済的に高潔な島」[17]としての「アメリカ」が「神話」にすぎないことを示している。が、アダムズは、「高潔な共和制」の「実験」が「失敗」に終わったからといって、この「実験」を全面的に否定しているわけではない。彼は、バンクロフトや晩年のビアードのように、ジェファソンを神格化することは決してないが、ジェファソンの理念の内のあるもの、とりわけ、「経済制裁による戦争の回避」という試みに対しては賛辞を惜しまない。アダムズは、ジェファソンが後年、「経済制裁の効果が出るには時間が必要であった」と悔しさをこめて回想している箇所をあえて引用している［...he（= Jefferson）spoke of it（= embargo）as "a measure which, persevered in a little longer, ...would have effected its object completely".］(Jefferson Ⅱ, Vol.2, Chap. XX)。これは、ジェファソンの死の直前に書き記された手紙の中の言葉であり、いわば彼の遺言である。おそらくここでアダムズは、ジェファソンの「遺言」を通じて、経済制裁の効果があらわれるのを待たずに性急に戦争にふみきったアメリカ政府を、暗に批判しているのであろう。

㈢―B「反―脱出」

すでに私は、「高潔な共和制」の不可能性について述べる際に、「脱出」のレトリックについて言及した。なぜなら、「高潔な共和制」の実現は、同時にアメリカのヨーロッパからの「脱出」を意味していたからである。私は、これまで、「脱出」の理想とその不可能性について、つまり、「反―

脱出」のプロセスを、主として国内的な観点から述べてきた。以下の論述においては、それを主として国際的な観点から、アメリカの外交という観点から述べてみようと思う。

アメリカにおいては、モンロー主義に代表される孤立主義の伝統ゆえに、「アメリカ史家の眼は、自国をとりまく多様な世界へではなく、自国の特質を育成した国内的諸条件に焦点をあてる」[18]ことが多かった。しかし、第二次大戦後、国際主義を反映して、外交史も大いに発達する。とりわけ、ウィリアム・アプルマン・ウィリアムズに代表されるように、アメリカ史は他の世界の歴史と切りはなすことができないという立場が自明のものとなってくるのである。「ウィリアムズは……外交史は国内史の外部にあるという主張には共鳴しなかった。むしろウィリアムズは……外交史から始めることこそ二〇世紀アメリカ国内史を理解するために必要であると信じたようである。[19]」第二次大戦後、「自国をとりまく多様な世界」からアメリカ史を逆照射し、外部からアメリカをとらえる史観が発達するのである。

このようなアメリカ史像の歴史に照らして、アダムズの『アメリカ史』を読み直してみると、実に驚くべきことがわかってくる。それは、アダムズが、第二次大戦後のアメリカの歴史家たちに五〇年ほど先がけて、国内史と外交史、アメリカ史と世界史の不可分なつながりについて記述を試みているということである。『アメリカ史』は、ヨーロッパ史のなかのアメリカ史であり、アメリカ史のなかのヨーロッパ史なのであり、そのようなものとしては先駆的な作品であるといえよう。このような壮大な意図をもって書かれた『アメリカ史』は、「脱出」のレトリックとは無縁である。アメリカの「内部」と「外部」が複雑にからみあう彼の歴史記述《ヒストリオグラフィー》自体が、アメリカの「内部」に跼蹐《きょくせき》する歴史記述《ヒストリオグラフィー》を支える「脱出」の神話へのアンチテーゼになっていると言える[20]。が、そればかりではない。書き方自体に「反―脱出」の方向性が示されているばかりでなく、書かれている内容もまた、「反―脱出」のプロセスについての物語なのである。

たとえば、「フロリダ」をめぐる領土問題。この「フロリダ問題」において、アメリカはナポレオンの「力」を必要とするのだが、知らず知らずのうちに、ナポレオンにだまされ、「大陸体制」に組みこまれはじめる。そして、ついには、その後、「中立国」としての立場を捨て、フランスの「同盟国」となり、一八一二年六月一八日、イギリスに宣戦布告することになる（この「反―脱出」のプロセス、そこにみられるリゾーム的な複雑な「外交ゲーム 'diplomatic game'」(Jefferson II, Vol. 2, Chap. V）については、以前、他の論文で記述したので、ここでは省略する）[21]。これは、「高潔な共和制」、「脱出」という夢が砕かれた瞬間であった。アメリカは、フランスと「複雑に入り組んだ同盟」を結び、選ばれた「アメリカ」を「大虐殺をもたらす動乱の地」にしてしまうのである。

以上が、史学史的コンテクストにおいてみた、『アメリカ史』の三つの主な特性である。『アメリカ史』は、出版されると、第一番目の「文学的歴史」として人々に理解され、高く評価された。しかし、その「方法論」、「思想性」、「多元性」については、ほとんど理解されなかった。政治改革運動の「失敗」をきっかけに、「政治」から「歴史」へと転じたアダムズであったが、自らの歴史書の「真価」を理解してもらえなかったという意味では、「歴史家」としても「成功」しなかったと言える。

そして、アダムズは後年、歴史家としての自分に対して、とりわけ『アメリカ史』について否定的評価を下し（それは『ヘンリー・アダムズの教育』、およびアダムズの手紙の随所に見い出される）、『ヘンリー・アダムズの教育』のなかで、自らを「失敗」した歴史家であると規定している（第二〇章「失敗」）。また、「失敗者」と規定するばかりか、自らの歴史「教育」の主要部分（歴史の方法論を学んだ一八七二年から『アメリカ史』の出版が終了した一八九一年まで）を全く記していない。

しかしながら、アダムズが自らを「失敗」した歴史家と規定し、さらには二〇年間を「空白部分」にしたのは、単に『アメリカ史』が世間の人々に理解されなかったという理由によるのではない。それには、もっと大きな、深い理由がある。それを、以下、明らかにしてみたいと思う。

三　妻マリアンの自殺

一八八五年一二月六日、この日を境に、ヘンリー・アダムズの人生は真二つに引き裂かれる。彼の妻マリアンが、この日、突然自殺してしまったのである。

ヘンリー・アダムズは一八七二年六月、マリアン・フーパー（通称クローバー）と結婚する。彼女は、幼くして母をなくし、眼科医の父に男手一つで育てられる。そのためか、父と娘の精神的きずなは強く、娘が結婚するとき、父はかなりショックを受けた模様である。娘の方も、新婚旅行ではじめて父のもとを長期間離れた際、一時的な抑うつ状態におちいったという。

マリアンは、非常に教養豊かな、才気煥発の、自主独立の気風の強い女性であった。母の影響（その多くは母の書きのこした文章による）ゆえ、エマソンに傾倒し、また、幼いころよりほぼ男性と対等の教育をほどこされたこともあって、女性の自立を当然のこととみなすフェミニストであった。彼女は、結婚後は、ボストン、ワシントンにおいてアダムズ家のサロンの華であり、歯に衣着せぬ毒舌と容赦ない辛辣な批評によって、ときに人をおどろかせたという（アダムズの父は、マリアンのこの点をきらっていた）。

ヘンリー・アダムズは、マリアンとの結婚生活のなかで、彼女の超越主義、フェミニズムに強く感化され、自分の受けた伝統的教育、アダムズ家伝来の貴族主義、ニューイングランドの「お上品な伝統」、ピューリタニズム、そして男性中心主義に修正を加え——ユージェニア・カレディンが言ったように——自らの「アイデンティティー」を「変化」させ「再定義」していった。[22] とりわけ、妻マリアンのフェミニズムに影響をうけて書かれたのが、『エスター』という小説である。この作品は、マリアンをモデル（主人公エスターはマリアンの分身である）にしており、それは、宗教と科学の対立をあつかった観念小説であると同時に、〈男性〉に従属することを拒む〈女性〉をえがいたフェミニズム小説である。また、マリアンは、アダムズの『アメリカ史』の執筆を励まし、史料の蒐集にあたってはその語学力をもって（彼女はヨーロッパの多くの言語に通じていた）アダムズに協力した。『アメリカ史』は、マリアンの協力があってはじめて成立したとさえ言える。

ところが、一八八五年四月、マリアンの父が死ぬと、彼女の精神状態に異常がみられるようになる。彼女は、極度のうつ状態に悩まされるようになる。病状は、一時的には快方にむかったが、一八八五年の暮れになるとしだいに悪化し、一八八五年一二月六日、アダムズが不在のとき、マリアンは、青酸カリを飲んで自殺してしまう。

マリアンの自殺の原因は、直接的には、彼女と精神的きずなの強かった（それは「癒着」といっていいほどのものである）父の死による抑うつ症であり、多くの研究者がそれを認めている。しかし、カレディンの言うごとく、複合的な要因が考えられるであろう。カレディンは、マリアンの自殺の原因を、主として文化史的、社会学的、心理学的文脈において重層的に論じている。第一に、〈男性〉中心主義文化のなかで抑圧された、自由な精神を有した〈女性〉の「悲劇」としてとらえている。第二に、アダムズとの結婚後、過去の友人、家族とのつきあいがとだえ、「アノミー」状態になったこと。そして第三に、彼女が幼いころ共にくらしていた母方の伯母が自殺した（彼女はその現場を目撃したと推定されている）という事実が、彼女のなかで「トラウマ」になったことをあげている。カレディンは、この他にも数多くの要因をあげているが、マリアンの自殺はこれら多くの要因が複合的にからみあって生じた事件であると結論づけている。

妻マリアンの自殺は、アダムズにたいへん大きな衝撃を与えた。彼は、それを境に自らの人生は終わったと考え、直後は誰とも話そうとはしなかったという。また彼は、マリアンの自殺について、「地獄」（"this Hell"）と手紙のなかで書いている。

この悲劇的事件の後、アダムズは、妻を救うことができなかったという罪悪感に責めさいなまれ、そのような自分を「失敗者」とみなすようになる。また、妻の自殺という巨大な「謎」をつきつけられて、世界に対する懐疑の念をつよめてゆく。同時に、孤独と絶望のなかで、いいようのないペシミズムをいだくようになる。『ヘンリー・アダムズの教育』の「失敗者」としての自己意識、自嘲的な態度、全編をつらぬく懐疑精神とペシミズム、これらには、妻の自殺という事件が大きく影響しているように思われる。

第二に、妻の自殺以後、アダムズは、「女性」を単に現実的・社会的存在としてではなく、観念的・象徴的・宗教的存在としてとらえるようになる。死んだ妻マリアンは、時とともに聖なる存在としてイメージされるようになる（彼は、妻の分身である『エスター』を聖なる作品と考えるようになる[23]）。なかでも、ロック・クリーク墓地のマリアンの墓につくるブロンズ像（セント＝ゴードンズ作）に聖なる女性のイメージを重ねあわせ（彼が日本旅行で見た長谷観音がそのモデルとなっている）てゆく過程において、死んだマリアンを聖化し、「永遠の女性」として思い描くにいたるのである。一方でアダムズは、妻の死後、自らの心の空白を満たすがごとく、妻の友人エリザベス・キャメロンのうちに、失われた妻の代りの存在を見い出すようになる。夫も子供もいるキャメロンに、ちょうど宮廷風恋愛のように騎士道的なプラトニックな恋をする。そして、エリザベスとひんぱんに手紙のやりとりをするうちに、とりわけ、旅行中長期間はなれている間に、エリザベスを理想の偶像としてまつりあげるようになる。このような、死んだ妻の「聖化」と、エリザベスの「理想化」をとおして、「女性」は、アダムズにとって、観念的・象徴的・宗教的存在と化すのである。そして、のちに、このような「女性」のイメージは、「聖母マリア」のイメージのうちに集約され、『モン・サン・ミシェルとシャルトル』という美しい作品として結晶するのである。

このように、「妻の自殺」は、後期アダムズへの「転換点」として重要なのであるが、いま我々が論の対象としている「空白の二〇年」との関連でいうなら、それは、アダムズの日本、南太平洋への旅と深くかかわっている。アダムズは、「妻の自殺」という「地獄」から逃れるために、それを一時的にでも忘れようとして、自分をとりまく世界から脱出しようとしたのである。アメリカからできるだけ遠い（空間的にばかりか文化的にも遠くはなれた）世界へと逃避しようとしたのである。それは、救済を求めての旅であり、再生の旅であった。さらには、それは、人類学者アダムズの「教育」でもあった。

四　日本、そして南太平洋

(一)　日本人の「笑い」

一八八六年六月一二日、アダムズは画家のジョン・ラファージと共に日本への旅に出発する。七月二日、横浜に到着。たいへんなむし暑さとコレラの蔓延するなか、二人は東京へ、そして七月一二日には日光へ向かう。妻マリアンのいとこで医者のスタージス・ビゲロー（彼は仏教徒である）、美術家のフェノロサが同行者である。日光の徳川ゆかりの寺や美しい風景に接したアダムズは、日光を世界でもっとも美しい場所の一つであると絶讃している。八月二九日には横浜に帰り、九月三日、鎌倉で大仏、長谷観音を見物する。そして再び横浜に戻り、九月九日には神戸に、そして京都（アダムズは京都をほめたたえ、グラナダに比べている）、奈良へ、その後ふたたび横浜に帰る。九月末には蒲原へ行き、駿河湾周辺で富士を見る（ラファージによれば、アダムズは、「この一日だけでも日本に来た価値がある」と富士の眺めを絶讃したという）。それから一〇月二日、帰国の途につき、一〇月二〇日、サンフランシスコに到着する。

三カ月間にわたる日本滞在のあいだのアダムズの見聞は、主として彼の手紙をつうじて知ることができる。手紙を読むと、そこには、(1)日本における美術品の購入についての詳細な記述、(2)日本の建造物の美しさ、風光明媚をほめたたえる記述、(3)日本における生活について不平をのべたくだり（とりわけむし暑さと食事のまずさ）、(4)日本（人）論、が見い出されるが、ここでは(4)の日本（人）論について少し詳しく見てみよう。

日本人、および日本について、アダムズは、ちょうど小人国にやって来たガリヴァーよろしく、「おもちゃ」のようだと述べている。そして日本人を「子供」のようだと言い、時として、「猿」のようだとやや軽蔑的な発言をしている（ひどい場合には、日本人に「性」はなく「性はアーリア人種とともにはじまる」とレイシズム的な発言をしている）。それよりも顕著なのは、日本人の「笑い」についての記述である。アダムズは、日本人はまじめなこと、悲劇的なことについてさえ「笑う」と記述している。[24] そしてアダムズ自身――マリアンの悲劇以来ひどくふさぎこんでいたアダムズ自身――「笑う日本人」のなかにあって「笑う」ようになった。アダムズは手紙のなかで言っている。「ぼくは、日本に着いてからひっきりなしに笑っていたよ。[25]」彼はまた、日本の旅について次のようにも言っている。「ぼくのユーモアのセンスは、とても早く発達したんで、ヨコハマに着いたときから、心ゆくまで笑えたよ。おどけた島の人々のことを考えると笑わずにはいられなかったのさ。[26]」そして日本の旅の収穫は、笑えて楽しめたことだと結論している。また、アダムズの手紙の書き方自体がユーモラスで読む者を笑わせてくれる。軽妙洒脱で、ときにブラックユーモアにみち、自分を戯画化してみせるスタイル、それ自体がアダムズの「笑い」を示している。[27]

五カ月にわたる旅のすえ、アダムズはようやくワシントンに戻ってくる。遠くアメリカを離れたことにより、日本において何ら義務のない気ままな「休日」をすごしたことにより、また、日本の美しい景色を見て心洗われるような気分を味わったことで、寺院を訪れて仏教的な静けさにふれ、仏像(とりわけ観音菩薩)の柔和な静けさにふれたことで、そして、右に述べたような日本人の「笑い」にふれたことによって、アダムズの憂うつもいくらか晴れたのだろうか、彼は、アメリカに帰ってから、ふたたび『アメリカ史』の執筆にとりかかる。執筆はものすごいスピードで進んだ。あたかも、執筆の仕事に全身全霊をそそぎこむことによって、妻の悲劇的事件を忘れようとするかのように。自分にムチ打って、精神のどん底から這い上がろうとするかのごとく……。そして、一八九〇年六月、『アメリカ史』の執筆、校正、出版の手続き、すべてを終えると、アダムズは、ふたたび旅に出かける。

(二) 南太平洋の遠洋航海者

一八九〇年、八月二三日、アダムズはサンフランシスコから南太平洋の旅に出発する。同行者は、日本旅行のときとおなじく、ラファージである。八月三〇日、ホノルル着。キラウエア火山他、ハワイ各地を見物したあと、アダムズらはサモアへ向かう。一〇月五日、サモアのツツイラ島(Tutuila)着。アダムズとラファージは、そこでシヴァ(siva)の踊りを見る。彼らは、幻想的で官能的なシヴァの踊りにとても魅了され、一種の法悦感にひたる。一〇月八日、ウポル島(Upolu)の港、アピアに到着。

サモア滞在の間、アダムズは数度にわたる冒険旅行を楽しみ（彼は自らをオデュッセウス、ロビンソン・クルーソーにたとえている）、各地の酋長の歓迎を受け、サモアの自然、人々のくらしにふれてゆく。また、アダムズは、サモアに転地のため来ていた作家スティーヴンソンと何度となく出会い、長時間にわたる会話をたのしみ、スティーヴンソンの知り合いであるタヒチのテヴァ（Teva）族の酋長タチ・サーモン（Tati Salmon）への紹介状を書いてもらう。

この滞在においてアダムズは、自らの属する文化とは全く異質な文化を見いだし、自らの文化を相対化してゆく。たとえば、シヴァの踊りにみられる性的解放、官能性のうちに、性的に抑圧されたピューリタン文化の対極を見いだしている。あるいは、戦争において女性がときには男の戦士たちをリードするという事実などから、サモアにおいては〈女性〉が〈男性〉に従属する存在ではないことを知る。

また、アダムズは、サモアの海の青さ、澄んだ空、ヤシの緑をみて、一時的にではあるが、憂うつや悲しみから解き放たれ、義務に束縛されない日々をおくっているうちに、しだいに時間の観念がなくなり、自然のリズムと一体化して日々をくらすようになる。旅行によって空間的にも時間的にも自由になり、解放された気分になる。

以上のようなサモア滞在は、約四カ月間続く。そして、年が明けて一八九一年一月二九日、アダムズとラファージはタヒチに向かう。二月四日、タヒチのパペーテ（Papeete）着。ここを拠点としてアダムズのタヒチ周遊の旅がおこなわれる。サモアと同じく、タヒチの風景の美しさはアダムズを魅了した。彼は、幾枚かタヒチの水彩画を描いているが、なかでも“The island of Moorea seen from Papeete"（モーレアはタヒチのとなりの島でメルヴィルゆかりの地でもある）と題された絵は、アダムズが目にしたタヒチの澄みきった海の青さを今に伝えている。が、アダムズは、タヒチの美しさにひかれる反面、その悲劇的な側面も意識せざるを得なかった。それは特に、サモアとの対比において自覚されてゆく。たとえば、植民地化されることで名ばかりのものとなった政治的権力（実権はフランス）。また、西欧化されることでタヒチの人々が道徳的に堕落し、本来もっていた自然性、原始的生命力をほとんど失ってしまったこと（生命感あふれる土俗的なダンス「たとえばサモアのシヴァの踊りのごとき」を踊ることは、タヒチにおいては禁じられている）……等々。そして、西欧化の影響がいまだ少ないサモアと西欧化の進んだタヒチとの比較において、アダムズは自らの属する西欧文化社会の価値に対する懐疑の念をつよめていく。

また、アダムズはタヒチ滞在のなかで、植民地化される以前タヒチの支配者であったテヴァ族の末裔であるアリイ・タイマイ（Arii Taimai）という女族長とその一族に出会う（彼とラファージは、テヴァ族の由緒ある名前を与えられ、アリイ・タイマイの家族の一員となる）。そして、アリイ・タイマイとその娘マラウ（Queen of Marau）から、テヴァ族を中心としたタヒチの伝説、歴史を聞く。アダムズはそれを一冊の本にまとめようと決心し、その断片的なメモを記してゆく（彼のタヒチ滞在の最後の一カ月はこの作業についやされる）。

約四カ月のタヒチ滞在を終えると、アダムズらはフィージーに向かう（六月一六日着）。そして、七月三一日、オーストラリア（シドニー）、九月六日にセイロン。九月二一日、セイロン出発。紅海、スエズ運河を通り、マルセイユへ。そして一〇月一〇日、パリ到着。

以上のような南太平洋の旅の結果、直接的に生み出されたのが、『タヒチ』（一八九三年。改訂版は一九〇一年）である。この作品は、タヒチの女族長の回想録という形をとったタヒチの歴史であり、そこには、タヒチの地形学的記述、神話的起源（半神 shark-god と人間の女性の結びつきにはじまるタヒチの歴史）がまず語られ、その後、主として二つの部族（Teva 族と Pomare 族）を中心として各部族の系譜が語られ、また、キャプテン・クックをはじめとするタヒチの探検者たちのこと、一九世紀の英仏のタヒチをめぐる植民地戦争のことが語られているが、『タヒチ』という作品において、アダムズは、新たな歴史観、思想的立場を提示するにいたっている。それは、次のようなものだ。

第一に、「歴史を動かす力としての女性」という考え。[28] たとえば、一七世紀半ばの革命の「原因」として、タヒチにおける〝ヘレナ〟であるタウルア（Tauruа）をあげ、一九世紀の英仏のタヒチをめぐる植民地戦争を終結させた大きな「力」として、アリイ・タイマイ（の平和交渉）をあげている（これは、この作品の末尾をかざるクライマックスである）。また、アダムズは、タヒチの社会における男女平等をあげ、タヒチの部族の系譜における女性の存在の大きさについて例をあげて説明している。[29] このような「歴史を動かす力としての女性」という考えは、のちにアダムズの中で「聖母マリア」のイメージと結びつくことで、より抽象的な理念的なかたちではあるが、『モン・サン・ミシェルとシャルトル』において展開されることになる。つまり、「歴史の中の力としての『女性的なもの』」、（リーアン・アイスラー）[30] という形で。また、アダムズは、『ヘンリー・アダムズの教育』のなかでも、随所でこの考えを示している（たとえば第三〇章「惰性の力」において）。そして、従来のアメリカ史を、女性についてほとんど言及していないという点で批判している。[31] これは、もちろん、アダムズが自分の『アメリカ史』に対して行っている自己批判でもある（すでにアダムズは、南太平洋の旅行中に、『アメリカ史』に対し否定的評価を下し、それを批判しはじめている）。[32]『タヒチ』において新たに提示された第二の点、それは「ヨーロッパ（的価値）の相対化」である。アダムズは、『タヒチ』のなかで、ヨーロッパがタヒチの人々を社会的にも道徳的にも堕落させたこと（たとえば、それまでタヒチでは、ある族長が独裁的傾向を帯びると、他の部族の族長らが連合してそれを罰するという〝独裁制抑止のシステム〟があったが、ヨーロッパ人はある族長に軍事的に協力することで「独裁制」をおしすすめた）を示し、ヨーロッパ（人）を批判している。そして、また、ヨーロッパがタヒチより「進んだ」社会であるという「進化論的図式」の〝ネガ〟を描き出している。タヒチの女族長の視点からみたヨーロッパ史（ヨーロッパの帝国主義、イデオロギー）を提示することで、ヨーロッパ中心的な歴史ではなく、「周縁」からみたヨーロッパ史観を提示している。そうすることで、ヨーロッパ（的価値）を批判し、相対化している。このようなヨーロッパ（的価値）に対する批判、懐疑の姿勢、それはのちにアダムズが『ヘンリー・アダムズの教育』において明白にうち出すものであり、その意味において、『タヒチ』は『ヘンリー・アダムズの教育』への「橋わたし」となる作品なのである。

以上、アダムズの南太平洋の旅についてやや詳しく論じてきた。これは、第一義的には、「妻の自殺」の精神的打撃から逃れるための、〝癒しと救済〟を求めての、空間的「脱出」であることは明らかであるが、右に述べたように、それは同時に、西欧中心的、男性中心的、ピューリタン的価値・システムからの「脱出」の「旅」という知的意味あいをも有していたのである。「空白の二〇年」の最後にくるアダムズの「教育」、それは、二重の意味における「脱出」の「旅」であったのだ。

おわりに

そろそろ議論をまとめよう。『ヘンリー・アダムズの教育』の「空白の二〇年」、それは、政治改革運動とその「失敗」、歴史家アダムズの「教育」、妻との結婚および妻の自殺、そして日本、南太平洋の旅という四つの主要な伝記的事実を含んでいるばかりか、それら出来事がアダムズの主要な作品を生み出す契機となり、それに影響をおよぼし、あるいはそれを予示しているという点においても、きわめて重要な期間である。

しかるに、なぜアダムズは、この二〇年間を「空白」のままにし、テクストから削除しているのか？もっとも簡単な見方をするなら、セイヤーやデッカーの言うごとく、それは「美学的見地」からなされた「削除」であると言えるかもしれない。つまり、「空白の二〇年」は、『ヘンリー・アダムズの教育』の前半と後半のコントラストを強調するための「空白」であり、また、「公的な出来事」を中心とする「自伝」の体裁を保つために「私的な出来事」が中心である二〇年間を「削除」したということだ。

しかしながら、それだけだろうか？　一八七二年という、「空白の二〇年」の最初の年号が意味するものを考えると、そのような美学的理由以外に、ある一つの深い理由があったようにおもわれる。すなわち、マリアンの自殺である。多くの研究者がすでに指摘しているように、アダムズは自らの悲劇的過去を忘れ去りたいために（まるで悪魔祓いでもするかのように）マリアンと結婚した一八七二年からの記述を「削除」したという考えである。これは、なかなか説得力があり、筆者もこの点にかんしては異論はない。

それでは、「空白の二〇年」の最後、一八九一年という年号はどうなるのか？

第一に、美学的見地からいえば、一八七二年から一八八五年（マリアンの自殺）までの一四年間を削除し、「一四年後」という章をもうけるよりも、「二〇年後」という章をもうける方が、章構成として美的であり、また歴史の断絶面がよりはっきりし、読者に与える効果、印象も絶大であるといえる。あるいは、アダムズは、一八七〇年代から九〇年代というヨーロッパ史、アメリカ史の一大転換期（たとえば、「普仏戦争」、そして「フロンティアの消滅」）を表す（そのコントラストを示す）のに、一八七二年から九一年までを「空白」にするのが効果的だと考えたのかもしれない。

しかし、やはり、一八九一年という年号とマリアンの自殺という悲劇的事件との関係は無視できないと思われる。アダムズの日本、そして南太平洋への旅、それは繰り返して言うなら、第一には、マリアンの悲劇的な死を忘れ去ろうとする脱出の旅であった。それは、妻の自殺による心理的衝撃をかかえた状態の旅であり、アダムズの心の中では、マリアンの死と切りはなして考えることのできない期間であった。その点で、アダムズの他の旅とはちがい、それは楽しい思い出を呼びおこすよりも、苦悩と孤独を思い出させる旅であったと思われる。それゆえにテキストからこの旅（それは一八九一年の末に終わる）は「削除」されたのではないか、とわれわれは推論することが可能である。また、一八九一年という年は、アダムズにとって「区切り」となる年であったと思われる。

妻の自殺以後、自分をとりまく社会から「脱出」しようと旅に出たアダムズは、一八九二年、ふたたび社会に「復帰」するのであり、旅は一種の「リハビリ」であり、「再生」への期間であった。一八九二年以降、新たな人生を歩もうとしたアダムズにとって、一八九一年はひとつの終わりを意味する年であった。よって、一八九二年からふたたび記述がはじめられるのは、アダムズの新たな人生の始まりをテクストの身ぶりそのものによって示していると言えよう。

以上、「空白の二〇年」にかんして、アダムズの「教育」をたどり、またその重要性を指摘し、さらには、アダムズがそれを「削除」した理由について述べてきた。しかしながら、そのような「読み」＝「解釈」に対して、依然として立ちはだかるのが、アダムズの巨大な「沈黙」である。「空白の二〇年」、それは、読者の安易な介入をゆるさないために、アダムズがあらかじめしつらえた「見えない壁」のようにも思われてくる。そういえば、アダムズは、『ヘンリー・アダムズの教育』の私家版をヘンリー・ジェイムズに送ったとき、この作品は「墓を守る盾」であると述べていた（この箇所は、アーネスト・サミュエルズが『アダムズ伝』の序文で引用している）。そう、『ヘンリー・アダムズの教育』というテクストの「空白部分」、それはまさしく、アダムズが墓のなかに持ってゆこうとした〝秘密〟の、「見えない盾」なのではないか。そう考えると、われわれの解釈行為は、テクストに対して誠実さを欠くものであり、最良の解釈とは、逆説的ではあるが、「沈黙という解釈」なのかもしれない。

アダムズ自身、ロック・クリーク墓地のブロンズ像の完成にさいし、つぎのように言っている。

At the end of all philosophy, silence is the only true God.

注

（1）Ernest Samuels, *Henry Adams: The Middle Years*（Cambridge, Mass, 1958）.

（2）Edward Chalfant, *Better in Darkness : A Biography of Henry Adams, His Second Life 1862–1891*（Archon Books, 1994）.

（3）Eugenia Kaledin, *The Education of Mrs. Henry Adams*（Univ. of Massachusetts Press, 1994 [Originally by Temple Univ. Press, 1981]）.

（4）William Dusinberre, *Henry Adams : The Myth of Failure*（Univ. Press of Virginia, 1980）.

（5）Brooks D. Simpson, *The Political Education of Henry Adams*（Univ. of South Carolina, 1996）.

（6）Robert F. Sayer, *The Examined Self : Benjamin Franklin, Henry Adams, Henry James*（Univ. of Wisconsin Press, 1988）, pp. 118–121.

（7）William Merrill Decker, *The Literary Vocation of Henry Adams*（Univ. of North Carolina Press, 1990）,pp. 17–18.

（8）刈田元司「ヘンリー・アダムズの『失敗』」（『アメリカ文学の周辺』研究社、一九六二年、所収）

（9）巽孝之「ヘンリー・アダムズの教育」（『ユリイカ――総特集二〇世紀を読む』一九九七年四月）

（10）Edward Chalfant, *Better in Darkness,* pp. 328–220.

（11）Henry Adams, *Democracy : An American Novel,* in *Novels, Mont Saint Michel, The Education*（New York : The Library of America, 1983）, p. 17.

（12）Gordon Milne, *The American Political Novel*（Oklahoma : University of Oklahoma Press, 1966）, p. 61.

（13）Louis Auchincloss, *Henry Adams*（Minneapolis : University of Minnesota Press, 1971）, p. 21.

（14）『アメリカ史』の執筆過程の詳細については、Edward Chalfant, *Better in Darkness* の第一八章―二五章を参照のこと。使用テクストは、*Adams, Henry. History of the United States of America during the Administrations of Thomas Jefferson*（The Library of America, 1986）. *History of the United States of America during the Administrations of James Madison*（The Library of America, 1986）. 以後『アメリカ史』からの引用は、本文中のカッコ内に、セクションのタイトル、巻および章のナンバーを記すにとどめる。

（15）このような『アメリカ史』の多元的なエクリチュールの詳細については、本書の第一部、第一章を参照のこと。

（16）David W. Noble, *The End of American History*（Univ. of Minnesota Press, 1985）. 邦訳は、目白アメリカ研究会訳、『アメリカ史像の探究』（有斐閣、一九八八年）

（17）ノーブル『アメリカ史像の探究』、二二二頁。

（18）大下尚一「アメリカ史像の探究」（有賀貞、大下尚一編『新版概説アメリカ史』有斐閣、一九九〇年、三頁）

（19）ノーブル『アメリカ史像の探究』、二四二頁。

（20）アダムズのこのような歴史記述《ヒストリオグラフィー》の詳細については、本書の第一部、第一章を参照のこと。

（21）「政治（学）の物語、あるいは物語の政治学――アダムズの『アメリカ史』について――」（帝京大学文学部紀要、第二三号、一九九二年、所収）

（22）Eugenia Kaledin, *The Education of Mrs. Henry Adams*, pp. 6-9.

（23）To Elizabeth Cameron [13 February, 1891]（*The Letters of Henry Adams*, ed. by J. C. Levenson, Ernest Samuels, Charles Vandersee, and Viola Hopkins Winner [Harvard Univ. Press, 1982]）.

（24）このことは、小泉八雲が「日本人の微笑」で述べていることを思い起こさせる。

(25) To Sir Robert Cunliffe [21 July, 1886].
(26) To Charles Milnes Gaskell [12 Dec, 1886].
(27) この点にかんして、佐伯彰一氏は、「一見軽やかで明るい、ほとんど饒舌な彼の手紙は……一種の仮面の役割を果たしたともいえ、そこにかえってアダムズの悲哀が仄見えている」と、うがった見方をしている（『アメリカ人の日本論』研究社）。
(28) Henry Adams, *Tahiti* (Scholar's Facsimiles Reprints, 1947), pp. 10.
(29) Henry Adams, *Tahiti*, p. 10.
(30)「アダムズの著作の上辺の背後を見てみれば、彼が歴史のなかに伝統的には無視されてきた強力な『女性的』力を認識していたことがわかる。……まことに、アダムズの分析の主要な要点は、西欧の歴史における文明化の力は彼が《聖母》と呼ぶものであったというところにある」［リーアン・アイスラー『聖杯と剣』（野島秀勝訳、法政大学出版局、一九九一年）、二三九頁］。
(31) Henry Adams, *The Education of Henry Adams* (Penguin Classics, 1995), pp. 418.
(32) To Elizabeth Cameron [13 February, 1891].

＊なお、本章は以下の二つの拙論をもとにして書かれたものである。
●「政治（学）の物語、あるいは物語の政治学——アダムズの『アメリカ史』について——」（『帝京大学文学部紀要』第二三号、一九九二年二月）
●「『ヘンリー・アダムズの教育』補記」（『英語英米文学』第三八集、中央大学英米文学会、一九九八年三月）
また、本章は、拙論「『ヘンリー・アダムズの教育』補記——空白の（削除された）二〇年」（中央大学人文科学研究所編『イデオロギーとアメリカン・テクスト』［研究叢書二四］、中央大学出版部、二〇〇〇年三月、所収）、および、拙著『小説より面白いアメリカ史』（中央大学出版部、二〇〇五年七月一日）の第一一章にもとづいている。

第二章　海をへだてた南北戦争――ヘンリー・アダムズの「外交教育」の背景

『ヘンリー・アダムズの教育』の第九章「敵か味方か」のなかで、アダムズは南北戦争時代の外交にかんして次のように記している。

それは神経質な時であった。私設秘書の知る限り、アメリカ外交の記録における最も危機的な瞬間であった。(1)

ヘンリー・アダムズは、南北戦争時、駐英公使である父チャールズ・フランシス・アダムズに随行した。そして、父の私設秘書として働く間、南北戦争の外交の現場を直接目撃することになる。彼は、南北戦争には従軍しなかったが、「外交」という「南北戦争」に参加することになったのである。『ヘンリー・アダムズの教育』（以下『教育』と略記）の第八章「外交」から、第一一章「衝角艦の戦い」までは、こうした南北戦争時の「外交」が主題となっている。南部支持のイギリス人たちのなかでの外交官の孤立、次々に生じる突発的事件に翻弄される外交官たち、イギリスの閣僚たちの嘘に欺かれる外交交渉、そして最終的な外交的勝利……。まさに、これは「アメリカ外交史における最大の危機」であり、「海をへだてて行われた南北戦争」であった。

アダムズは、この時期の外交史にかんして、「実際の（現実に生じる）劇は、筋書きすらない、要領を得ない謎である」[2]と述べているが、「海をへだてた南北戦争」は、カオスのような、謎めいた劇である。『教育』においても、この劇は、ときに曖昧に、断片的に描かれ、けっしてその明確な全体像を明らかにはしていない。ヘンリー・アダムズの「外交教育」の背景となる、南北戦争時のアメリカ外交史の見取図がなくては、一般読者がその記述を十分に理解することは困難である。

そこで、本章では、『教育』の「外交教育」を扱った数章を理解する一助（一つの注釈）として、南北戦争時代の外交のコンパクトな見取図――それも、主として『教育』のなかで言及されている外交的出来事にかんする見取図――を描き出してみようと思う。その際、先行研究を踏まえて[3]、外交史を可能な限り客観的に祖述し、アダムズをとりまく外交の「磁場」を明示し、筋書きがない（あるいは一見筋書きがないようにみえる）「外交劇」の「謎」に光を当ててみたい。

一　開戦当初

一八六〇年一一月、共和党のリンカーンが大統領に当選すると、それに反発してサウス・カロライナ州をはじめ南部諸州が次々に連邦からの脱退を宣言する。その結果、一八六一年二月には「南部連合」が成立し、ジェファソン・デイヴィスが臨時大統領に就任する（正式に選挙で選出されたのは一八六一年一一月）。南部連合が成立して間もなく、南部連合の国務長官ロバート・トゥームズは、ウィリアム・ヤンシー、ピエール・ロスト、アンブローズ・マンという三人の外交使節をヨーロッパに派遣した。彼らの目的は、イギリス、フランスなどヨーロッパの列強に、南部連合を独立国として承認させ、さらにはヨーロッパ諸国を南部の味方につけることであった。

一方、北部連邦は、連邦の維持を最大の使命と考えていた。国務長官ウィリアム・スワードが中心となって[4]、特に南部における連邦主義者（連邦からの脱退に反対する人々）を味方につけ、また、北部と南部の境界州に脱退を思いとどまるよう説得工作につとめた。南部が戦争の回避は不可能と判断したのに対し、北部は開戦前夜まで、和解による連邦分裂の回避の可能性を模索していた。その際、脱退を思いとどまれば奴隷制の維持を認めるというような妥協案すら提示した。

ところが、一八六一年四月一二日、南軍がサウス・カロライナ州の北軍のサムター要塞に砲撃を加え、ここに南北戦争は始まった。

リンカーンは、開戦後まもなくして、チャールズ・フランシス・アダムズを駐英公使として派遣する。イギリスは、当時世界最大の強国であり、イギリスが南部に加担することを是が非でも阻止せねばならなかった。また、ヨーロッパの列強がイギリスの動きに従おうとする兆しが見られたため、イギリスを南部の味方にすることは、ヨーロッパ諸国を敵に回すことになるおそれがあったのだ。

当時のイギリス政府は、第二次パーマストン内閣であり、外相にジョン・ラッセル、蔵相にグラッドストンなど、錚々たるメンバーを擁していた。パーマストン首相は、南北戦争に干渉することに積極的ではなく、大西洋間の貿易が平和裡に秩序正しく行われることがイギリスに利することだと考えていた。南部の使節団と直接会見した外相ラッセルは、表立っては使節団を歓待したが、何一つ同盟や干渉に関して明確な約束をすることはなかった。

南部の使節団は、イギリスから南部連合の独立の承認、軍事的協力が得られると思い込んでいた。第一に、北部連邦からの脱退は、独立革命時の理念に照らし合わせて法的に正当だとする大義があるということであった。ジェファソン・デイヴィスがその就任演説で明言したように、「『政府は被統治者の同意によるものであり、政府がその樹立された目的に対して破壊的になるときにはいつでも意のままにその政府を変革し、あるいは廃止するのは人民の権利である』という革命権理論といわゆる主権論をそのまま南部諸州の連邦脱退にあてはめた」のである（アーネスト・メイ編『アメリカの外交』、中屋健一監訳、第五章解説）(5)。一方リンカーンは、奴隷解放という大義を未だ明確に示しておらず、連邦の維持を前面に押し出しており、大義名分としては南部よりも不明瞭であった。

第二に、「綿花」という武器。イギリスは、綿花の輸入のほぼ八割をアメリカに頼っており、国内産業の多くが綿工業であったので(6)、もし綿花の輸入が途絶えれば、イギリス経済は大混乱に陥るという予測である。しかし、イギリスの政策、世論、経済はこうした南部の期待に応えるものではなかった。一つは、先ほど述べたような、不干渉政策であり、二つ目に、イギリスにおける、奴隷制の非人道性に対する反感であり、三つ目として、綿花供給の過多である。前年のアメリカにおける綿花の生産が大豊作であったことに加えて、イギリスの商人は、開戦を見越してすでに大量の綿花を買い付けており、すくなくとも一八六一年の間は、南部の綿花の輸入なしでも間に合っていたからである。また、さらに綿花を輸入すると価格が下がり、イギリス商人にとって不利だったからである。

他方、ラッセルは、アダムズ公使に対しても協力を確約することはなかった。公使一行がイギリスに到着したとき、すでにイギリスはヴィクトリア女王の意向で、南北戦争に対する「中立宣言」

を発していた。イギリスは、「戦争中でも中立国は交戦国と武器、弾薬等の戦時禁制品以外を取引できることを意味する中立権」(佐々木卓也編著『ハンドブック・アメリカ外交史』)[7] を国際法上認められるものとし、「中立宣言」を発したのである。同時にイギリスは、北部と南部が「交戦状態」にあるということを認め、南部連合を独立国としてではないが、暗に「交戦国」として認めたのである。

しかし、この「中立宣言」は、北部にとって到底受け入れがたいものであった。なぜなら、北部は、あくまで南部連合を連邦離脱を企てる「叛徒」としてとらえており、交戦国としては認めず、また外国にも交戦国として認めてほしくはなかったからである。つまり、これは南部の「反乱」であり、北部と南部の全面戦争ではないということである。それゆえ、アメリカはアダムズ公使をつうじてイギリスにそのことを抗議し、中立宣言の撤回を求めたが、イギリスはそれに応じなかった。それを聞いたスワードは、イギリス植民地であるカナダにむける軍隊を増強するなど、一気に緊張が高まった。しかし、冷静沈着なアダムズ公使は、アメリカから送られてくるスワードの強硬で威嚇的な公文書の内容をそのまま伝えず、表現を和らげてイギリス側（ラッセル）に伝えたという。また、ヴィクトリア女王との謁見では、イギリスの慣習にのっとった格式高い装いで臨み、表面的にはイギリス側に恭順の意を示した。アダムズはこの時期、スワードの外交政策を忠実に貫くことには成功していないが、イギリスとアメリカの戦争の危機を回避するにあたって多大な貢献をしたと言えよう。

一方、南部連合の使者たちは、イギリスからの確約を得ることができず、フランスにわたってナポレオン三世の協力を得ようとした。しかしナポレオン三世は、この時点では、前述したように、イギリスの動きに従って外交政策を決めようという方針であり、イギリスが中立の立場を貫いたのを知り、南部に協力を約束することはなかった。そしてこのあとも、ヨーロッパ諸国（英仏のほか、ベルギーやスペインなど）で、三人の南部の使者は外交的成果をあげることができなかったのである。

二　トレント号事件

イギリスは、このように「中立宣言」を発し、戦況を見守りながら、南北戦争にたいする外交的判断を保留していた。

南北戦争の初期において、南軍は次々に北軍に勝利した。その代表的なものが、一八六一年七月末のブルランの戦い（第一次）である。北軍は南軍に対する圧倒的な軍事力と経済力の優越性を過信して、いまだ指揮系統が定まらず、訓練を十分に重ねないまま、一気にリッチモンドを陥落させようとしてヴァージニアへ進軍した。戦争は数ヵ月で終わると思い込んでいた北軍は、相手側の策略と士気に圧倒され、結果としてワシントンへと潰走した。この大敗北に続き、八月はじめには、ミズーリ州ウィルソンズ・クリークの戦い（別名オーク・ヒルズの戦い）で南軍が北軍を破り、九月にはケンタッキーで、一〇月にはヴァージニアで、相次いで南軍が勝利する。北軍の側は、この事態にあわてて次々に総司令官を交代させ、指揮系統は混乱した状態であった。のちに北軍の総司令官になるグラント指揮下の北軍のみが奮戦し、めざましい勝利を挙げているのを例外とすれば、この時期の戦況は、誰の目にも南軍優勢と映っただろう。

イギリスでも、この状況を見て、外交政策に転換が見られた。表立っては中立政策をとっていたが、さらなる南軍優勢の状況が進めば、干渉の可能性も考慮に入れるという方針へと徐々に傾き始めたのである。また、イギリスでは奴隷制度の非人道性に対する反発が強かったことをすでに述べたが、細かい階級的な差異を見てみると、必ずしもそのような意見の一致があったわけではなかった。山岸義夫が『南北戦争』のなかで指摘しているように、「アメリカの内乱に対するイギリスの世論は階級的区分にそって大きく分裂していた[8]」。山岸は以下のように記している。

イギリスの地主や資本家層の多くは南部のプランターに同情的態度を示し、内乱によって人民の政府が崩壊することを歓迎していた。……当時イギリスの木綿工業はめざましい発展をとげていたが、これに対する原綿の供給は大部分南部によってなされていた。他方、奴隷制度に立脚せる南部は北部の保護関税に反対し、イギリスとの自由貿易を熱心に望んでいた。このような事情からイギリスの地主や資本家層は南部が独立の国家となることを期待し、これを積極的に支持せんとしていた。……

このような地主や資本家層に対してイギリスの社会改革者や労働者階級は、内乱をアメリカ社会の民主化のための闘争であると把握し、プランター権力を攻撃し、北部支持の態度を示していた[9]。

短期的には、綿花の供給過多ゆえ原料供給の危機は訪れず、南部に頼る緊急の必要性はなかったとはいえ、地主や資本家層は南部に対する共感と支持を維持し続けていたのである。また、保護関税の撤廃は、イギリスの支配階級にとって望ましいことであった。こうした支配者層の世論がイギリスによる干渉を後押ししていたのである。

そんななか、アメリカとイギリスの緊張関係が一気に高まるような事件が起こる。世に言う「トレント号事件」である。

一八六一年一一月八日、北部の軍艦サン・ジャシント号は、イギリス船トレント号を掌捕した。トレント号には、イギリスに向かう南部の使者ジェイムス・メイソンとジョン・スライデルが乗り合せており、ジャシント号の船長は、この二名を含む四名を強制連行し、監禁した。イギリス側は、これはイギリスに対する侮辱であると猛反発し、アメリカ側は、これを正当な行為として称賛し、両国の緊張は高まった。「この事件は北部において愛国的感情の熱狂的なたかまりをよびおこした。他方、イギリスにおいては好戦的な新聞が世論の昂奮をあおりたてたため民衆は激昂し、またイギリス政府の態度の硬化とあいまって情勢は緊迫した。イギリス政府はただちにカナダに軍隊を派遣し、また外相ラッセルは合衆国に謝罪と捕虜の釈放を要求する覚書を送付した。」(山岸義夫『南北戦争』[10])。

まさに、一触即発の事態であった。前述したとおり、スワード国務長官はいつでもイギリス領カナダに軍隊を派遣する用意ができており、もしイギリスのカナダ軍と軍事的な衝突が起これば、英米の戦争が勃発する恐れさえあった。この不測の事態に、アメリカとイギリスの双方はいかに対処したか？　それについては、著名な歴史家サムエル・モリソンが明確に述べているので、以下それを引用しよう。

ロンドンの新聞は、謝罪しないなら開戦だと騒ぎたて、ラッセル伯は内閣を代表して、謝罪と使節の釈放を要求する高圧的な抗議文を書いた。さいわい、ヴィクトリア女王の病身の夫プリンス・アルバート（あと二週間の余命であった）がその電文の調子をやわらげ、また、驚くべき神の配剤によって、大西洋海底電信が故障で止まったので、双方の罵声はすぐには新聞に印刷されなかった。一二月一九日にラッセル伯の電報がシューアド長官の手元に届いた頃、北部の人民はイギリスを敵に回すことの重大な結果を恐れ始めていたが、リンカーンはイギリスの脅迫に屈服することの政治的な影響を心配した。サムナー上院議員は、クリスマス当日に全閣僚を前にして、大統領がうんと言うまで四時間も熱弁をふるった。それからシューアドが英国公使に「四人はこころよく釈放する」[11]と伝えた。それはただちに実行された。トレント号事件の暗雲はやっと晴れた。〈西川正身監訳〉。

トレント号事件では、アメリカの大統領、国務長官、イギリスの外相も的確な対応をすることが困難であった。ひとえに、アルバートとサムナーという冷静で平和主義的な人物らの英断と、「驚くべき神の配剤」によって、米英戦争の危機は回避されたのである。

しかしながら、山岸義夫が指摘しているように、「トレント号事件」の決着後も、「英米間の緊張は容易に緩和しなかった[12]」。

一八六二年春、イギリスは厳正中立を犯してリヴァプールの造船所で南部側のために建造した二隻の巡洋艦アラバマ号とフロリダ号を進水せしめた。この二隻の船は南部が北部商業の破壊活動に使用することを目的として建造されたものであり、当時、合衆国の駐英公使であったチャールズ＝F＝アダムズが、イギリス政府に対してこれが合衆国に対して使用されないことが証明されるまで抑留されるよう、厳重に警告を発していたものであった[13]。

アダムズ駐英公使は、再三、ラッセル外相に会見を求め、巡洋艦の進水を許可したことに厳重に抗議するが、相手はのらりくらり、二隻は「逃亡した」のであり、それは中立を犯したものではないという詭弁を弄するばかりであった（このとき「逃亡した」アラバマ号は、その後さらに軍艦としての装備を整え、北部の船舶に甚大な被害を与えることになり、それは戦後の、イギリスに対する賠償請求問題にまで発展した）。ラッセルは実のところ、南北戦争初期における南軍の優勢を踏まえ、しだいに南部を支持するようになっており、中立の立場をこえて、この戦争に外交的に「干渉」する機会を虎視眈々とうかがっていたのである。

そうしたラッセルの策略が本格的に動き出すのが、一八六二年の夏以降である。実は、これこそが、「アメリカ外交史上最大の危機」とも言うべき瞬間であり、それは極めて錯綜した「外交ゲーム」[14]である。この「外交ゲーム」については、南北戦争時の外交を扱った基本文献である。D・P・クルックの『南北戦争期の外交』（*Diplomacy during the American Civil War*）の第五章に詳しく書かれている。(15) 以下においても、主としてそれを参考にしつつ論述を進めたいと思う。

三　イギリスの「干渉」の試みとその失敗

南部連合は、最初の外交使節団が成果をあげられなかったとはいえ、決してヨーロッパ諸国を味方につけることをあきらめなかった。イギリスの掲げる中立政策が難攻不落だと見てとるや、今度は搦め手から外交活動を展開しようと試みた。イギリスがだめならフランスを通してイギリスに働きかけるという路線変更である。フランスは当初、イギリスに合わせて中立政策を取っていたが、綿花の不足による国内産業の低迷、北部が行った海上封鎖による貿易の衰退を前にして、しだいに中立政策から、南部に有利になるように戦争に干渉して事態を打開しようと考え始める。そして何よりもこうした南部への肩入れを後押ししたのは、ナポレオン三世の野望である。かつてナポレオン・ボナパルトは、アメリカ大陸への進出をひそかに企てて失敗した経緯があるが（アメリカ進出の拠点としたカリブ海の仏領植民地サン・ドマングを、黒人奴隷の革命によって失い、アメリカ進出を断念した）、ナポレオン三世は、ふたたびそうした野望に取りつかれたのである。すなわち、メキシコに進出し、そこに植民地帝国をつくるという野望である。そのために、アメリカ合衆国が分裂して弱体化することは、フランスにとって歓迎すべきことであり、連邦の分裂と南部の独立を後押しする理由がうまれたのである。

こうした外交的文脈のなかで、トレント号事件で捕えられた二人の外交使節スライデルとメイソンは、その後、フランスとイギリスで積極的な外交活動を展開した。スライデルは、ナポレオン三世に南部への協力を要請し、頻繁にフランスにおいて外交交渉を行った（この詳しい経緯は Frank Owsley, *King Cotton Diplomacy : Foreign Relations of the Confederate States of America* の第九章に書かれている）[16]。ナポレオン三世も上に記した理由から、南部支持へとしだいに傾いていき、イギリスにも戦争への干渉を働きかけていた。イギリス側は、ナポレオンからの働きかけがあっても、表面上は中立の立場を変えることがなかった。また、ヨーロッパ諸国の干渉を阻止するようアメリカ側から厳命を下されていたアダムズ公使は、イギリスに中立路線を越えないよう地道に働きかけていた。

このような状況のさなか、一八六二年六月末から七月の初めにかけて、リー将軍指揮下の南軍は、マクレラン率いる北軍に勝利する。いわゆる「七日間の戦い」である。この南軍の勝利は、イギリスの外交方針に大きな影響を与えることになった。フランク・オウズリーが分析しているように、ジョン・ラッセルは、メイソン（スライデルがフランス、メイソンがイギリスの外交交渉を担当していた）に対し、南部連合を独立国家として承認することも、アメリカの戦争に干渉することもしないと返答したが、実のところ、数週間そのことを考え続けていた[17]。南軍の勝利と綿花の供給の減少（一八六一年の供給過多とちがい、一八六二年の半ばごろまでに綿花の備蓄と供給は目に見えて減り始め、失業者が増大していた）が合わさって、彼は中立路線から南部連合の承認と列強による干渉という路線へと動き始めたのである。そればかりではない。「七日間の戦い」の流血と凄惨の情報（南軍の死傷者は約二万、北軍は一万六千五百）がイギリス国民につたわると、世論はそれまでの中立支持から干渉（調停・仲裁）支持へと転換した。これほど醜い非人道的な戦争は一刻も早く終わらせるべきであり、そのためには列強の干渉が必要であるという考え方に変わったのだ。

こうした世論の転換を背景に、ジョン・ラッセルを中心に、列強の干渉の計画が進行する。ラッセルは、主な干渉国として、フランスはもちろんのこと、ロシアも参加させようとする。英仏露の圧力によって戦争を仲裁し、和平に持ち込み、北部に南部連合を国家として認めさせ、海上封鎖を解除させ、ふたたびアメリカとの自由な交易を復活させることがイギリスにとって有利だと考えたのである。これは南部にとって好ましい仲裁であるが、北部にとっては全く受け入れがたい仲裁策であった。しかし、楽観的なラッセルは、列強の承認を得ることができ、閣議でも承認が得られると考えていた。

まずは、列強の承認はどうであったか？　フランスはそもそもこの干渉に積極的であったため、干渉政策への転換には反対しなかった。ロシアはどうか？　これは、ラッセルの予想を全く裏切るものであった。ロシアは、この干渉政策に同意することをためらった。なぜであろうか？　それは、二つの理由によるものであった。第一に、ロシアはアメリカの分裂によってアメリカの国家としての力が弱まると、イギリスの力を牽制する上で（特に海軍を牽制する上で）ロシアにとって不利であると考えた。つまり、バランス・オブ・パワーの観点から、北軍が勝利して連邦が維持されることが好ましいと考えたのである。第二に、ロシアは綿花を自給自足でまかなうことができるので、仲裁によって戦争を終わらせる必要性はなかったのである。イギリスと経済的な事情が大きく異なっていたということである。

さてもう一つの点、閣議での承認についてはどうか？　ラッセルは、蔵相グラッドストンからは容易に承諾を得た。グラッドストンも、南部を支持する閣僚の一人であった。しかし、その意図はラッセルと大いに異なっていた。グラッドストンは、抑圧に抗して闘う南部の人民というイメージに影響され、人道的、民主主義的な観点から南部を支持しようとしたのである。一方、ラッセルは、人民に共感を寄せるのではなく、あくまでも実益を優先する観点から南部支持へ転じたのである。首相のパーマストンは、戦況のゆくえを傍観しつつ、慎重な態度を取っていたが、ラッセルの列強の干渉案を聞かされて、それに同意する意向を示した。何よりも、七月の南軍の勝利の報に接して、中立路線から干渉支持へと回った。ラッセルにとって、あとは他の閣僚の承認を取り付ければよかったのである。

そこに、突然まったく予想外の事態が生じた。九月一七日、アンティータムの戦いにおいて、北部に攻め入ろうとしたリー将軍率いる南軍が撃退されたという知らせである。さらに、それに追い打ちをかけるように、九月二二日、リンカーンが奴隷解放予備宣言（もし脱退した南部諸州が、一八六三年一月一日までに連邦に復帰しなければ、奴隷解放を宣言するという内容）を発したことだ。前者は、それまでの南軍有利という予想に疑問を投げかけるものであった。パーマストンは、この知らせを聞いて、干渉政策に対して以前ほど積極的ではなくなった。閣議での承認が得られなければ、この策を断行することにためらいを感じるようになった。さらに、奴隷解放予備宣言は、北部連邦に明確な大義を与えることとなり、イギリスの世論を北部支持へと転換させるのに多大な影響をおよぼすことになった。

さて閣議における承認であるが、ラッセルはここで最大の壁にぶち当たった。それはいかなる壁であろうか。それを述べる前に、第二次パーマストン内閣の組閣の軋轢、対立について簡単に記しておきたい。それは、蔵相人事に関するものである。「パーマストンは、第一次政権を蔵相として支えてくれたルイスを今回も据えようと考えていたが……グラッドストンが就いてしまう。ルイスは内相に回されることになった。」(君塚直隆『パクス・ブリタニカのイギリス外交』[18])このときの軋轢、わだかまりが、のちになって再発することになる。一八六二年一〇月七日にグラッドストンはニューカッスルで、南部支持の演説を行った。その一週間後、コーンウォール・ルイス陸相(一八六〇年に内相から陸相になっていた)は、「グラッドストン演説を非難し、現時点でイギリスが南北戦争に介入する可能性はないと明言してしまう。このように、主要閣僚二人が相次いで正反対の発言をしたことで、政権の足並みに乱れが生じていることを露呈したばかりでなく、この両者の演説は共に首相から了解をとらずになされていた。[19]」

ルイスが反対意見を表明したのは、組閣の際生じた軋轢によるばかりではない。ルイスは、ラッセルのような楽観的観測を抱いておらず、現実主義者であり、交戦状態にある北部が、ラッセルの提案するような仲裁策を到底受け入れるはずがないと確信していたのである。また、閣僚たちの溝をさらに広げたのが、ルイスの同盟者であるウィリアム・ハーコートによるジャーナリスティックな活動である。南北戦争時の外交史に関する、日本で最初の著作を書いた山田義信は、ハーコートについて以下のように記している。

ルイスは聡明な若い親族で弁護士のハーコートと、一八六二年の一〇月と一一月中、干渉主義者に対して一緒に協力して仕事をし南部の独立を承認しないという議論に強く影響を受けた。南北戦争の議論の領域で国際弁護士として、また仮名「ヒストリカス」の名の下に、パンフレットを書く人として手ごわい評判をハーコートは確立した[20]。

ハーコート（「ヒストリカス」）の舌鋒鋭き論法は、ルイスばかりか世論を動かし、閣僚たちの考えにも影響を及ぼした。干渉の中心人物であるラッセルとルイスの対立は、ハーコート（「ヒストリカス」）の活躍もあって、さらに深まったのである。

すでに干渉に対し二の足を踏んでいたパーマストンは、このような閣内対立を前にして、またルイスを支持する閣僚が多数を占めると予測し、一〇月二二日、正式な閣議決定を前にして、自分はルイスに賛成する意向であるとラッセルにほのめかした。ラッセルは一〇月二三日の閣議を延期し、同日、非公式な閣議を開いて干渉の正当性を訴えたが、閣僚のほとんどはルイスに賛同した。そのため、ラッセルはアダムズ公使を呼び出し、イギリス政府としては中立の立場を変えるつもりはないことを告げた。一一月になると、正式な閣議で、あらためて干渉に反対するルイスの文書（この文書は、ハーコート［「ヒストリカス」］と共に作成したものである）が回覧された。そして一一月一二日の閣議で、イギリスとしてはアメリカに干渉せず、中立路線を貫くことが正式に決定されたのである。それにより、ラッセルの「干渉」の企ては、失敗に終わったのだ。

こうして、アメリカ外交最大の危機は回避された。

しかしながら、危機がすべて回避されたというわけではなかった。一八六三年には「レアード衝角艦事件」が起こるからである。

南部連合側は、イギリスに海軍特使を派遣し、リヴァプールのレアード造船所で、二隻の衝角艦（敵艦に穴をあけるため、艦首の下に突出部がある軍艦）を建造する密約を結んだ。アダムズ公使は、この軍艦が南部に売られるのではないかという疑いを抱き、ラッセルに問いただすが、ラッセルは中立国に向けて売るものだと言って、いっこう真意を明らかにしない。実のところ、ラッセル個人は、いまだ南部連合に肩入れすることをあきらめてはいなかったのだ。

しかし、一八六三年七月には、ゲティスバーグの戦いとヴィックスバーグの戦いでの北軍の決定的勝利のニュースが飛び込んでくる。またこのころには、イギリスはインドやエジプトなど新たな国から綿花を輸入するようになり、綿花の供給不足も解消され、綿花は南軍の外交的武器としては効力を失ってしまう。そうした北軍有利な状況を背景にして、アダムズ公使は、より強硬な態度で、軍艦製造にかんしてラッセルに抗議する。すると、ラッセルは、もはや勝ち目がないと断念し、九月の初めには、軍艦の進水を阻止することを確約するに至るのである。かくして、イギリスによる「干渉」の危機は、完全に消え去ったのである。

外交的勝利のあと、一八六四年には、北軍の司令官グラントやシャーマンが立て続けに軍事的勝利をおさめ、ついに、一八六五年四月、北軍はリーの南軍を完全に包囲する。そして、一八六五年四月九日、ヴァージニア州のアポマトックスでリーが降伏し、四年にわたる南北戦争は終結したのである。

注

（1）Henry Adams, *The Education of Henry Adams*（A Centennial Version, Massachusetts Historical Society, 2007）, p. 106.

（2）*Ibid*, p. 122.

（3）特に以下の先行研究を参考にし、指針とした。これら先行研究があってこそ、本章を書くことが可能になったと言えよう。

・Crook, D. P. *Diplomacy during the American Civil War*（John Willey and Sons, 1975）.

・Netzley, Patricia D. *The Greenhaven Encyclopedia of the Civil War*（Greenhaven Press, 2004）.

・Owsley, Frank Lawrence. *King Cotton Diplomacy : Foreign Relations of the Confederate States of America*（Second Edition, The University of Chicago Press, 1959）.

・Perkins, Bradford *The Cambridge History of American Foreign Relations, Vol. I: The Creation of a Republican Empire,1776–1865*（Cambridge University Press, 1993）.

（4）国務長官Sewardの日本語表記は、研究書や事典によって、「シューアド」「シュアード」「スワード」と実にさまざまであるが、本論文では、*The Education of Henry Adams*の朗読CD（by Wolfram Kandinsky）におけるSewardの読み方（発音）にもとづいて、「スワード」を日本語表記とした。

（5）アーネスト・R・メイ編『アメリカの外交』（中屋健一監訳、東京大学出版会、一九六六年）、一三二頁。

（6）Frank Owsley, *King Cotton Diplomacy*, p. 3.

（7）佐々木卓也編『ハンドブック・アメリカ外交史―建国から冷戦後まで』（ミネルヴァ書房、二〇〇一年）、三五頁。

（8）山岸義夫『南北戦争』（近藤出版社、一九七二年）、一九七頁。

（9）前掲書、一九七―一九八頁。

(10) 前掲書、一九九頁。
(11) サムエル・モリソン『アメリカの歴史3』(西川正身翻訳監修、集英社文庫、一九九七年)、三九九—四〇〇頁。
(12) 山岸義夫『南北戦争』、二〇〇頁。
(13) 前掲書、二〇〇頁。
(14) ヘンリー・アダムズは大著『ジェファソン、マディソン政権下のアメリカ史』のなかの外交史を扱った部分で、「外交ゲーム」という言葉を用いている。
(15) D. P. Crook, *Diplomacy during the American Civil War*, Chapter V "The Mediation Crisis".
(16) Frank Owsley, *King Cotton Diplomacy*, Chapter IX "Formal Demands for Recognition".
(17) *Ibid*, p. 337.
(18) 君塚直隆『パクス・ブリタニカのイギリス外交—パーマストンと会議外交の時代』(有斐閣、二〇〇六年)、二二四頁。
(19) 前掲書、二二九頁。
(20) 山田義信『アメリカ南北戦時の外交—スワード外交による南部連合崩壊の経緯』(東京図書出版会、二〇一〇年)、一四八頁。

＊本章は、二〇〇五年に筆者が発表(祖述)した南北戦争外交史(拙著『小説より面白いアメリカ史』第五章)の内容とほぼ同一であり、拙論「海をへだてた南北戦争——ヘンリー・アダムズの『外交教育』の背景」(『人文研紀要』第八〇号、中央大学人文科学研究所、二〇一五年一〇月、所収)を転載したものである。

第三部　中世のほうへ

第一章　教会の解剖学《アナトミー》――アダムズとシャルトル

十三世紀のはじめごろ、教会内に迷宮（ラビリントス）が出現する。中世の人々は、迷宮のなかを行きつ戻りつしつつ、中心部へと向かったという。美術史家の馬杉宗夫氏によると、この迷宮とは以下のようなものである。

迷宮とは、古代ギリシャの建築家ダイダロスが、クレタ島のミノス王の宮殿に造ったものとして知られているが、その中に入るや、迷い込み、出口を見出すのがむつかしいとされる謎の空間である。面白いことに、その迷宮が、ゴシック大聖堂身廊部の床に、嵌め込まれ始めるのである。その大部分は円形であり、円形のバラ窓と同時に、この異教的な迷宮が、ゴシック大聖堂とともにその床に出現するのは、興味深い現象である。

（中　略）

一説によれば、人々が苦心してたどり着く迷宮の中心部は、聖地エルサレムを象徴しているという。中世の人々は、敬神の念に燃えながら、靴を脱ぎ、跪きながら、この聖地に向かう迷路をたどった。(1)

ヘンリー・アダムズの『モン・サン・ミシェルとシャルトル』、それは、まさしく一つの「ラビリントス」である。

まず読者は、一旅行者の視点からこの作品に入ってゆく。そして、さまざまな教会建築を巡礼のように訪ね回ることになる。しだいに、この空間的な旅は時間的な旅へと移行してゆく。なぜなら、われわれの前にはロマネスク様式からゴシック様式へとうつりゆく中世の建築史がくりひろげられるからである。さらに、教会の内部に入ってゆく。すると、そこには、さまざまな様式が重なりあい、複数の時間が共存し、層をなしているのが見てとれる。たとえば、アダムズはモン・サン・ミシェルについて次のように述べている。

これら二つ（＝ロマネスクのアーチとゴシックの内陣）は、約五百年の時をへだてて造られたのであるが、楽しげに共存している。(2)

教会建築において示される様式、時間の多様性・多層性、それは、この作品において迷宮のように複雑であり、読者は時間の迷宮を旅しているような印象をうける。

このような時間観念は、建築の構造に示されているばかりでない。それはアダムズの歴史記述(historiography)そのものに示されている。彼は決して直線的な歴史の記述方法をとらず、十一世紀と十三世紀の間を、ときには、それらの時代の前後数百年を自由に行きつ戻りつしつつ、歴史を書いてゆく。しかも、フランスの個々の教会のそれぞれ異なる様式変化のありようを明示してゆくために、歴史記述の時間も、リゾーム状に多様化し多元化していると言ってよいだろう。これは、十九世紀において支配的であった直線的な歴史の記述方法とは全く異なるものである。

かくの如き、歴史（時間）の「ラビリントス」、あるいは、エクリチュールの「ラビリントス」、『モン・サン・ミシェルとシャルトル』……。その中に入り込んだわれわれ読者は、ゴシック大聖堂内のラビリントスを苦心してたどった中世の巡礼さながら、テクストの「ラビリントス」のなかを、行きつ戻りつしながら、彷徨い歩くことになるのだ。そして、巡礼たちが、聖なる中心部を目指して進んでいったように、われわれ読者も、「中心部」に向かって一歩一歩進んでゆくことになる。『モン・サン・ミシェルとシャルトル』という「ラビリントス」の「中心部」とは何であろうか？ それは、「シャルトル大聖堂」であり、また、「われらが淑女」（Notre Dame）＝「聖母マリア」にほかならない。

以下の小論は、『モン・サン・ミシェルとシャルトル』という「ラビリントス」の「中心部」に光を当てようとする一つの試みである。すなわち、アダムズの「シャルトル大聖堂」（「聖母マリア」）についての記述＝読み（具体的に言うと、第五章 "Towers and Portals" ～第一〇章 "The Court of the Queen of Heaven"）を中心に、『モン・サン・ミシェルとシャルトル』というテクストを読み解こうとする試みである。アダムズは、「シャルトル」をどのように記述し、読みとっているか？ アダムズが描く「シャルトル」の意味と象徴性とはいかなるものなのか？ また、アダムズ自身にとって、「シャルトル」は何を語りかけ、何を意味していたのか？

以下の論考は、これらの問に答えようとするものである。

一　教会の解剖学《アナトミー》

旅行案内。あるいは、旅行案内をよそおった中世建築史。あるいは、中世建築史をよそおった観念史、歴史哲学、信仰告白、散文詩。ヘンリー・アダムズの『モン・サン・ミシェルとシャルトル』は、実に様々な相を呈する作品である。

それゆえ、批評家や研究者たちは、この作品をあるカテゴリーに分類し、そのジャンルを定める際に、非常に苦心し、困難を覚えている。そして、実に様々な観点からこの作品を分類し、区分しようとしている。たとえば、レイモンド・カーニーは、この作品を、ソローの『ウォールデン』、メルヴィルの『タイピー』と同じく、「イマジネーションによる内的風景の旅の物語」あるいは「瞑想的な旅行記」と定義している[3]。また、エルンスト・シャイヤーは、この作品を分類することは困難であると認めた上で、それは美術史ではなく、「十一世紀から十三世紀のフランス中世の美術と宗教の内的関係についてのある考えを示したもの」である、と曖昧な定義をしている（また、この作品が時として、統一性をもとめる探求者の「告白」になるとも言っている[4]）。J・C・ロウは、この作品を十九世紀後半に流行した「旅行記」と「中世趣味」の合わさったものであるとしながらも、それは単なる「旅行記」ではなく、ヘンリー・ジェイムズの『アメリカ印象記』やレヴィ＝ストロースの『悲しき熱帯』など、文明・文化批評を含む「現代的な作品」により近いものであると述べている[5]。また、ロバート・メインは、『モン・サン・ミシェルとシャルトル』についての精緻な研究書の序文のなかで、この作品は「詩」であると明言している[6]。そして、アーネスト・サミュエルズと並ぶアダムズ研究の草分け的存在であるJ・C・レヴェンソンは、『モン・サン・ミシェルとシャルトル』を、「旅行ガイド→歴史的な旅→精神的巡礼→文化史→悲劇的な詩」と次々に変貌する作品であるとみなしている(7)。

このように、『モン・サン・ミシェルとシャルトル』のカテゴリー、ジャンルについては、実に様々な見解がせめぎあっている状態である。そして、そのどれもが、この作品の一面を明らかにしていることは確かであるが、J・C・レヴェンソンを除いては、この作品の全体的特性を包括的に示してはいないと思われる。また、J・C・レヴェンソンでさえも、その定義は実に曖昧であり、この作品のジャンル的特性を明確にしてはいない。この玉虫色に変化する作品の全体性を包括的に示し、しかも、そのジャンル的特徴を明示するにはどうしたらいいか。ここで、アダムズ自身の言葉に耳をかたむけてみよう(それは、すでにJ・C・レヴェンソンも引用している箇所である)。

私の「旅行記」の概念は、風景、心理学、歴史、文学、詩、美術、などあらゆるものを集めた一種のごたまぜ('ragbag')といったものです(8)。

ここで、『モン・サン・ミシェルとシャルトル』には、もともと"Travels-France"という副題がついていた(一九〇四年版と一九一一年版)ことを思いおこそう。直訳すれば「旅行記」となるが、アダムズの「旅行記」の概念を考慮に入れるなら、その内実は、「旅行記」ではなく、「ごたまぜ」('ragbag')とするのがふさわしいだろう。

さて、このような「旅行記」＝「ごたまぜ」である『モン・サン・ミシェルとシャルトル』の全体性を包括的にとらえ、その特性を明確にするジャンルとは何だろうか。それは、「アナトミー」（解剖学）である。ここで、ノースロップ・フライの「アナトミー」の定義を復習しておこう。[9] フライは、「アナトミー」の特性として、⑴百科全書的構成、⑵哲学性、認識論的な旅、⑶諸ジャンルの混淆、韻文と散文との混合、などをあげている。そして「アナトミー」の例として、『憂鬱の解剖』、『釣魚大全』、『衣裳哲学』、『白鯨』などをあげている。アダムズの『モン・サン・ミシェルとシャルトル』も、まさしく、この「アナトミー」の系譜に属する作品である。それは、第一に「教会」の百科全書である。第二に、それは、教会建築をめぐる認識論的な旅であり、また、スコラ哲学をあつかった部分に、哲学性、哲学的対話形式はとりわけ顕著である。第三に、それは、すでにアダムズ自身が暗に示しているように、諸ジャンルの「ごたまぜ」（'ragbag'）であり、その文体は、散文と韻文の混合である。また、『釣魚大全』が魚釣りを軽蔑する社会に対する皮肉、諷刺にみちており、また、『白鯨』が「海」の側からの「陸」に対する軽蔑、嘲弄にみちているように、『モン・サン・ミシェルとシャルトル』は、「中世」の側に立って二十世紀の「現代」を軽蔑し、批判するという意図によって書かれた作品である。

この他、『モン・サン・ミシェルとシャルトル』の「アナトミー」としての特性はいくつもあげられるが、なかでも、その「解剖学」的記述は、それが「アナトミー」であることを明瞭に物語っている。このことが、いちばん顕著にあらわれる部分、それが、シャルトル大聖堂の記述である。

アダムズは、シャルトル大聖堂の様式を他の教会建築と比較しつつ、マクロ的にとらえ、またその歴史的由来、神話的・宗教的起源（特に、マリア崇拝とのかかわり）、経済的基盤、技術的側面、を明らかにしつつ、シャルトル大聖堂の百科全書的な記述を試み、シャルトル大聖堂をいくつかの部分、要素に分解し、それを分析＝解剖（＝dissect）してゆく。それは、『モン・サン・ミシェルとシャルトル』の章立てにはっきりと示されている。

第五章は〝Towers and Portals〟と題されているが、これは、シャルトル大聖堂の新旧二つの「塔」と、西側ファサード、そして北側と南側の、それぞれ三つずつある「扉口」を中心に、シャルトル大聖堂を外側から「解剖学的に」記述した章である。そこでは、さらに、「尖塔」（flèche）について、また、「扉口」の上部の「楣（まぐさ）」（lintel）、さらにその上の半円形の「ティンパヌム」と呼ばれる部分、「扉口」の「側柱」、そして柱の上の部分である「柱頭」、また、「ティンパヌム」をとりかこむ「弧帯」、というふうに、記述はますます細分化してゆく。そして、それぞれの部分に彫られた〝図像〟についての詳細な説明が続いている。このように、「解剖学的」記述は、どこまでも体系化され、細分化してゆくのである。

第六章〝The Virgin of Chartres〟では、教会の「内部」が記述され、シャルトル大聖堂が「聖母マリア」に捧げられた教会であることを詳細に語ってゆく。シャルトル大聖堂が「聖母マリアの衣」の聖遺物を持っているという理由で、そこがマリア崇拝の中心地になったこと、また、マリア崇拝の歴史的由来、シャルトル大聖堂が建造された当時のマリア崇拝の状況について詳しく述べられている。そして、肋骨穹窿《リブ・ヴォールト》で支えられた尖塔形アーチ、ステンドグラスに見られる、「高さ」と「光」（「色彩」）への志向性を、アダムズはシャルトル内部に読みとり、教会全体が「マリアの宮殿」

として設計されている（このことは、次節で詳しく述べる予定）ことを明らかにしてゆく。

第七章〝Roses and Apses〟では、アダムズは第六章で概観された教会「内部」を、さらにくわしく「解剖学的に」記述してゆく。西側、北側、そして南側の三つの「バラ窓」について（その〝図像〟について）記述し、「後陣」について語っている。「解剖学的」記述は、さらに細分化し、「後陣」の各要素（たとえば「放射状祭室」）の形状、その歴史的由来、他の教会建築との比較的考察などが記されている。

第八章〝The Twelfth Century Glass〟と第九章〝The Legendary Windows〟は、「ステンドグラス」の詳細な記述であり、前者は十二世紀の、後者は十三世紀のステンドグラスについて考察している。

第一〇章（〝The Court of the Queen of Heaven〟）は、とくに教会の「身廊部」の構造、そこに位置する「ステンドグラス」の「解剖学的」な記述である。

このように、アダムズは、シャルトル大聖堂を各要素に分解し、それを体系的に、「解剖学的に」記述している。それは、ちょうど、メルヴィルが『白鯨』において、「鯨」を各部分、要素に分解し、「解剖学」的記述を行っているのに似ている。それゆえ、『モン・サン・ミシェルとシャルトル』は、「鯨学」ならぬ「教会学」を語った、「教会の解剖学《アナトミー》」と呼ぶのがふさわしいと思う。

しかしながら、『モン・サン・ミシェルとシャルトル』は、「教会」の「解剖学《アナトミー》」にとどまってはいない。この作品は、「教会」の「解剖学《アナトミー》」であると同時に、「教会」の「図像学《イコノグラフィー》」でもある。次節では、「教会の図像学」という観点から、アダムズの「シャルトル」の記述を中心に、作品を読み解いてゆきたい。

二　教会の図像学《イコノグラフィー》

中世美術史家のエミール・マールは、その記念碑的大作『十三世紀フランスの宗教芸術』の序言で、次のように述べている。

中世は芸術を教育のように考えていた。人間にとって知るに値するすべてのこと、天地創造以来の世界の歴史、キリスト教の教義、聖人たちの模範、美徳の諸段階、多様な学問や技術や職業、これらはすべて教会のステンドグラスやポーチの図像によって教えられたのである。大聖堂はまさに、十五世紀の出版業者たちが彼らの最初の刊本の一つに与えた『貧者の聖書』という、あの感動的な名で呼ばれるに価する。(10)

そしてマールは、この「大聖堂」という『貧者の聖書』を、十三世紀の神学者であるヴァンサン・ド・ボーヴェの『世界の鏡』(『自然の鏡』、『学問の鏡』、『道徳の鏡』、『歴史の鏡』)の方法論にならって読み解いていった。マールは、「大聖堂」に描かれた「図像」(天地創造、労働と学問、美徳と悪徳、旧約聖書、新約聖書、外典、聖人伝、などにかんする「図像」)の意味と象徴性を明らかにし、「形態」をとおして「思想」をさぐりあてていった。そして、中世の「図像学」を体系化し、確立したのである。

マールの『十三世紀フランスの宗教芸術』が公刊されたのが一八九八年。ちょうど、アダムズが『モン・サン・ミシェルとシャルトル』を構想し、その執筆のためにフランス中世の建築を研究していた時期である。アダムズは、この時点ではマールの書の存在を全く知らなかった。彼がマールの書の存在を知り、それを読むのは、彼が『モン・サン・ミシェルとシャルトル』（一九〇四）の改訂作業を行う一九一一年のことであった。[11] しかしながら、アダムズはマールと方法論を共有していた。すなわち、彼は、マールと同様、「大聖堂」を「書物」のように読み解き、その「図像」の意味と象徴性をさぐり、「図像」の背後にある「思想」を読みとろうとしたのである。その点で彼は、マールと並ぶ中世図像学の草分け的存在であり、マールと同様、パノフスキーの「イコノロジー」の先駆者であったのである。

それでは、アダムズが『モン・サン・ミシェルとシャルトル』で示した「図像学」とはいかなるものであったのか。以下、それを、アダムズの「シャルトル大聖堂の扉口（Portals）」の「図像」の「読み」に即して検討してゆきたいと思う。

一一九四年、シャルトルの町をおそった大火により、シャルトル大聖堂の大半は焼失したが、奇跡的に西正面のほとんどは焼失をまぬがれた。ゆえに、それは十二世紀の雰囲気を今に伝えている。シャルトルの西正面には三つの扉口がある。これは、一一四五年から一一五五年ごろに制作されたもので、それぞれに彫刻がほどこされている。扉口の上部、半円形のティンパヌムには、中央に「荘厳のキリスト」、左側には「キリスト昇天」、右側には「聖母子」の彫刻がほどこされている。

アダムズは、「荘厳のキリスト」の「図像」について、そこには「審判者」としてのキリストは描かれておらず、すべての人々を「許し」、「受け入れ」、「救済する」、「慈愛」にみちたキリストのみが表現されており、「恐怖」も「呪い」も「罰」も見出されないと言っている。[12] また、扉口の円柱の柱頭に刻まれた「キリストの降誕から昇天」までを描いた「図像」には、「キリストの磔刑」の場面だけが描かれてはいないことに注目し、キリストの「図像」から「恐れ」ばかりか「苦痛」も除外されていることを指摘する。そこから、十二世紀の人々が「キリスト」をどのようにイメージしていたかを明らかにし、人々にとって「キリストはその母、すなわち愛と慈悲の精神と一体であった[13]」と結論している。

さらに、アダムズは、この「愛と慈悲の精神」を、西正面の右側のティンパヌム、すなわち「聖母子」の彫刻に読みとっている。そこには、すべての人々を、わけへだてなく受け入れてくれる「聖母マリア」が描かれている。それればかりでない。西正面の右側の扉口全体が「マリア」に捧げられている。ティンパヌムをとりかこむ弧帯には、「マリア」を祝福する天使像が描かれ、ティンパヌムの下の楣《まぐさ》には、「受胎告知」から、「キリストの降誕」にいたる場面が描かれ、そこでは「床につくマリア」という正統神学に反した「図像」まで描かれている。また、ここに描かれているマリアは単に「愛と慈悲」の精神にみちたマリアではなく、十二世紀において（正確には十二世紀から十三世紀初頭にかけて）人々にイメージされていたマリア像、すなわち「女王としてのマリア」である。エミール・マールによれば、「女王としてのマリア」とは、以下のようなものである。

十二世紀と十三世紀初頭の聖母は女王である。シャルトルの西扉口やパリのノートルダムの「聖女アンナの門」では、彼女は堂々たる荘厳さをもって玉座に坐っている。彼女は頭に冠を被り、手に花飾りのついた笏状を持ち、ひざの上に幼子を抱いている。……マリアは世界の王を支え持つ女王なのである。この時代ほど芸術家たちが神の母に偉大な形象を与えることができた時代は他にない。(14)

アダムズは、この「女王としてのマリア」という観念を、シャルトルの多くの「図像」のうちに読みとっている。特に、シャルトル北袖廊の中央扉口の「図像」のうちにそれをはっきりと読みとっている。

それは、扉口上部、ティンパヌムの「聖母戴冠」の図像である。マリアはキリストの右（図像を見る者からすると左）に位置し、キリストから冠をさずかっている。アダムズは、この主題は、正統的《オーソドックス》なものではないが、「女王としてのマリア」という観念を示すこの主題を理解しなくては、「マリアの宮殿」であるシャトル大聖堂は理解できないと明言している。さらにアダムズは、「女王」、それも神性をおびた「天の女王」としての「マリア」という観念を、楣とその下の中央柱に読みとっている。楣には、「聖母の死」「聖母の復活・昇天」の図像が描かれている。これは、「聖母の戴冠」と同じく、外典に由来するものであるが、神性をおびた「天の女王マリア」の観念を物語っている。また、「中央柱」に立つ人物についてアダムズは、ランスやアミアンやパリなど他の大聖堂では普通マリアが幼児キリストを抱いているのに対し、ここシャルトルにおいては、マリアの母アンナがマリアを抱いていることを指摘している。(15)そこから、シャルトルにおいては、いかにマリアが神格化され、「天の女王」として讃美されていたかということを明らかにしている。

シャルトル大聖堂の北袖廊扉口は、このように「聖母マリア」に捧げられているのだが、同じく十三世紀につくられた南袖廊扉口では、「キリスト」が中心にすえられている。そこには、「最後の審判」の主題が描かれており、審判者キリストの両側には、聖母マリアと聖ヨハネが座している。その下、楣には、大天使ミカエルが天国と地獄にゆく人々を選り分けている。実に恐ろしい場面であり、西正面扉口と北袖廊扉口の「マリア」の「女性原理」につらぬかれた図像とは対照的である。アダムズは、この図像について、「男性原理」が顕著であると言っている。しかしながら同時にアダムズは、南袖廊扉口においてさえ、「マリア」の「女性原理」が全く抑圧されたわけではないことを、とりわけ「破風」(gable)における「女王マリア」の図像を示すことによって証明している("it (= the southern porch) contains seven hundred and eighty-three figures . . . . Among these, the female element has its share, though not a conspicuous one; and even the Virgin gets her rights, though not beside her son. To see her, you must stand outside in the square, and with a glass, look at the central *pignon*, or gable, of the Porch. There, just above the point of the arch, you will see Mary on her throne, crowned, wearing her royal robes . . . . "[16])。アダムズは、このように、南袖廊扉口では、「聖母マリア」の「女性原理」が決して「審判者キリスト」の「男性原理」のもとに屈したわけではないと言っているのだが、そのことは、美術史家の馬杉宗夫氏も別の角度から証明している。

シャルトル大聖堂の場合、《最後の審判》の場面は、ほかの大聖堂のそれと違う。それは、聖母マリアと、キリストがいちばん愛したという弟子聖ヨハネに与えられた重要度である。彼らは、審判者キリストの両側に、キリストとほとんど同じ大きさで表現されている。ところが、パリ大聖堂、アミアン大聖堂など、ほかの大聖堂ではキリストのみが巨大であり、右側で合掌して座る聖母マリアのスケールは、キリストより小さくなっている。神への仲介者としての聖母マリア。最後の審判の際にも、神へのとりなし役としての聖母の役割が、ここでは重要視されているのである。(17)

馬杉氏は、以上のことから、「南袖廊扉口でも『聖母マリアの宮殿』シャルトル大聖堂の聖母に捧げられた信仰の深さがわかる」と結論している。シャルトル全体を「マリアの宮殿」としてとらえ、「聖母マリア」の「女性原理」を、シャルトル大聖堂のあらゆる図像のうちに「読み」とろうとするアダムズの試みは、「最後の審判」の場面においてすら正当性を有しているのである。

＊

以上、アダムズの「教会の図像学《イコノグラフィー》」を「シャルトル」にかんする記述に即して見てきたが、アダムズの「シャルトル」の「読み」は、「教会の図像学」にとどまってはいない。それは、「教会の政治学（社会学）」でもある。しかしこれは、「教会の図像学」と別々のものではない。なぜなら、これまで見てきたのは、宗教的コンテクストにおける「教会の図像学」であり、「教会の政治学（社会学）」とは、政治的・社会的コンテクストにおける「教会の図像学」であるとも言えるからである。

次節では、この「教会の政治学（社会学）」を、主としてアダムズの「ステンドグラス」の「読み」を通して考察してゆくつもりである。

三　教会の政治学（社会学）

アダムズが、シャルトル大聖堂の北袖廊扉口と南袖廊扉口の図像に、「女王マリア」と「審判者キリスト」という対立を読みとっていることは、先程すでに述べた。が、アダムズはさらに進んで、図像の「対照性」のうちに、〝宗教的対立〟ばかりでなく、〝政治的対立〟も「読み」とっている。ここで、十三世紀はじめのフランス史（カペー朝時代のフランス史）の一局面を概観しておこう。

一二二六年、ルイ八世が死去した時、その息子ルイ（のちのルイ九世聖王）はわずか一二歳であった。そのため、皇后であるブランシュ・ド・カスティーユ（彼女は、スペイン、カスティリヤ王アルフォンソ八世の娘である）は、摂政となり、九年間におよぶ摂政時代が始まる。すると、それまで抑圧されていた有力諸侯、王族らは同盟し、ブランシュに反乱をくわだてた。

この反乱の二人の首謀者、それがフィリップ(Philip Hurepel)とドゥルー伯ピエールである。フィリップは、フィリップ二世オーギュストの息子であり、ルイ八世とは異母兄弟の関係にあった。ルイ八世が死去するやいなや、彼は王権の座をねらい、ブランシュと対立し、一二二七年春、彼を中心とする諸侯の反乱が始まるのである。一方、彼に味方したドゥルー伯ピエールは、国王アンリ六世の曾孫であり、ルイ八世とは、またいとこの関係にあった。彼は、ブルターニュ公家の相続人であるアリックスと結婚して以来、急に勢力をのばし、最有力の封臣となったのである。

戦いは、数年間(一二三三〇)続いたが、結局フィリップとピエールはブランシュに敗北する。フィリップは一二三〇年に死去し、ピエールの方は、一二三〇年ブランシュに従うことを余儀なくされ、その上で許された。ピエールは、その後一二三六年までブルターニュ公国を支配したあと、息子に権力をゆずり、一二五〇年ルイ九世の十字軍の帰路の途中、死去した。

アダムズは、シャルトル大聖堂の北袖廊ポーチ（の図像）が、ブランシュ・ド・カスティーユによって寄進されたものであり(正確に言うと、建造物自体は一二一五年からフィリップ二世オーギュストによって建設されはじめ、一二二五年ごろルイ八世のもとで終了し、図像を刻む作業は、ブランシュの死去した一二五二年以後は、息子のルイ九世聖王、さらに続いて即位したフィリップ勇敢王の治世において、一二七五年ごろまで続けられた)、一方、南袖廊ポーチ（の図像）が、ドゥルー伯ピエールによって寄進されたという事実に注目し、特に、それぞれの建築作業が、両者の間の内戦のさなかに続けられていたことを指摘している。そして、シャルトル大聖堂において、この二つの建造物が北と南で対峙しているという「構造」に、当時の政治的な対立の〝構造〟がメタフォリックに示されていると結論している。また「女王マリア」と「審判者キリスト」という図像の「対照性」のうちに、当時の政治的図式であるブランシュ（女性）とピエール（男性）の〝対立〟が表象されていると言っている。

さらにアダムズは、「バラ窓」の「政治学」を試みている。すなわち、北袖廊の「バラ窓」はフランス王家の寄進したものであり、ブランシュの側に属するものであり、南袖廊の「バラ窓」はドゥルー伯ピエールの寄進したものであり、両者が北と南で対峙しているという「構造」のうちに、当時の政治的対立がメタフォリックに示されていると述べている。そしてさらに、両者の「バラ窓」の「図像」のうちに、ブランシュとピエールの〝対立〟が表象されているという。つまり、北袖廊の「バラ窓」の中心には「聖母マリア」が見出され、南袖廊の「バラ窓」の中心には、祝福を与える成人の「キリスト」が見出されるということだ。ここでは、アダムズの想像力は大いに飛翔し、この二つの「バラ窓」のあいだにある「身廊部」に集まった中世の人々のことを思いえがいている。ブランシュの軍勢とピエールの軍勢の間で、内戦のさなか苦しみ、ただひたすら「聖母マリア」に祈りをささげる名もなき群集という当時の社会的現実が、二つの「バラ窓」にはさまれた「身廊」という教会構造のうちにメタフォリックに示されているとアダムズは言いたいのである。

このアダムズによる「バラ窓」の「政治学」は、非常にあざやかで興味深いものであるが、さきほど述べた北と南の「袖廊ポーチ」の「政治学」に比べると少々説得力に欠け、学問的な実証性に欠けている。なぜならば、シャルトルの西正面の「バラ窓」は一二一六年頃の制作であり、他の二つ、北と南の「バラ窓」も、ほぼ同時期に制作されたと推定されるため、必ずしも、ブランシュとピエールの対立（それは一二二六年以降のことである）を表象するものだとは言えないからである。ただし、そのような難点は、この作品をあくまで中世美術史として文字通り読んだ場合にのみ生じてくるものである。すでに論じた通り、この作品は、諸ジャンルの「ごたまぜ」であり、アダムズの想像的な物語、散文詩として読んでもいっこうにかまわないのであり、そのような観点から見た場合、アダムズが「バラ窓」の「フィクション」を通して当時の〝社会的現実〟をより鮮明にうかびあがらせようとしたと考えてもいいのである。これは歴史小説家なら必ず用いている方法である。

そう考えると、さきほど「難点」だと言ったことも、読者を自らの物語世界に魅きつける「書き手＝アダムズ」の巧みな「手法」として、「美点」としてとらえなおすことも可能なのである。アダムズはまた、「ステンドグラス」の「図像」のうちに、当時の社会の「階級構造」（の変化）を「読み」とっている。

十二世紀から十三世紀にかけて、中世社会の階層制、すなわち、封主＝封臣という堅固な上下のヒエラルキーに対抗して、新たな勢力が台頭してくる。すなわち、都市居住民であり、商工業者から成る「ブルジョア」の台頭である。彼らは、ときに「コミューン」を結成して連帯し、権力者、支配者たちから政治的、経済的自由を勝ち取った。また、「同業組合」を結成し、さらに勢力をのばしていった。そして彼らは、王族、聖職者、貴族と同様、大聖堂のステンドグラスを奉納、寄進するようになる。西洋中世史の碩学ジョルジュ・デュビイは、そのことについて以下のように説明している。

　ヨーロッパで大聖堂の芸術がまず物語るのは、都市の覚醒である。ステンドグラスの多くは、労働者たちの団体が奉納したものである。……この寄進者は農民たちではなかった。それは商工業者たちであった。……職人たち、商人たちは、彼らの都市の母なる教会の中に、神の光に輝く窓の上に、自分たちのつらい仕事の様子やその道具が表現されることを望んだ。自分たちの職務が、生産的役割が、この建造物の上に、そうした形で称揚されることを彼らは望んだのである。(18)

また、エミール・マールは次のように言っている。

彼ら（同業組合や個人）はこうして自分たちの熱意を後世に残そうと望んだのだ。十三世紀のステンドグラスの下部にはたいてい寄進者の姿が、時としてはその名前が示されている。

（中　略）

同業組合は彼らの守護者、彼らの旗や組合員証をその像が飾っている聖人の物語を描かせる。……シャルトルでは食品商たちが彼らの守護聖人聖ニコラのステンドグラスを、籐細工業者たちは聖アントニオスのステンドグラスを自分たちの負担で奉納している。[19]

アダムズは、第九章 "The Legendary Windows" において、王族、貴族ら個人によって寄進されたステンドグラスに言及し、第一〇章 "The Court of the Queen of Heaven" においては、「ブルジョア」によって寄進されたステンドグラスについて言及している。そして、ポーチや袖廊（翼廊）部分のステンドグラスの寄進者は、王族、封主が中心となっているのに対し、身廊や内陣のステンドグラスの寄進者は、主として「ブルジョア」から成っていると述べている（"... its (Chartres') decoration, in the Porches and transepts, is royal and feudal; in the nave and choir it is chiefly bourgeois."[20]）。そこから、アダムズは、十三世紀において、「ブルジョア」が「王族、貴族」の権力に対抗し、彼らの権力をしばしばおびやかすまでに台頭したことを読みとっている。具体的に言えば、祭室の高窓（これは最上の場所とされる）は同業組合が寄進したものだという事実、また各高窓（低窓はほとんどが同業組合の寄進）の多くが同業組合の寄進によるものであるという事実（柳宗玄《やなぎむねもと》氏は高窓について「現存のもので言えば、職業組合の寄進した窓と国王、貴族、聖職者の寄進した窓とは、ほぼ同数である」と述べている）[21]から、アダムズは、十三世紀に「ブルジョア」がいかに「封建制」のヒエラルキーをおびやかし、勢力をのばしていたかということを推論している（"One might suppose that the feudal aristocracy would have fortified itself in the clerestory and upper windows, but even there the *bourgeoisie* invaded them, . . ."）。[22]そして、さらにアダムズは、ステンドグラスにおいて見出されるこのような〝階層性のゆらぎ〟は、当時さかんであった「マリア崇拝」と密接にかかわっていると述べている。「聖母マリア」は万人を許し、平等に受け入れる。王も貴族も商工業者も皆、「マリア」との関係において対等である（"The only relation that connects them is their common relation to the Virgin, . . ."）。[23]「マリア崇拝」において、「マリア」は世俗の権力者たちの上に位置する至高の存在であり、「マリア」のもとでは、ブルジョアも権力者も対等であった。それゆえ、「マリア崇拝」は、階級の区別を否定するものであり、中世の封建制の垂直的なヒエラルキーをゆるがす精神的原動力となりえた、とアダムズは推論している。権力者とブルジョアは、「マリアの宮殿」を飾る「ステンドグラス」を競って寄進したのであるが、このような「ステンドグラス」上の「階級闘争」は、十三世紀の現実の〝階級闘争〟を反映しているのばかりか、「マリア崇拝」の宗教的図式と不可分のものなのである。アダムズの「教会の政治学（社会学）」、それは、「美術」、「政治」（社会）、「宗教」の「構造的相同性」を示すものであると言えよう。

おわりに――アダムズとシャルトル

以上、アダムズの「シャルトル」の記述に即して、彼の「教会の解剖学」、「教会の図像学」、「教会の政治学（社会学）」について詳細に検討してきた。最後に、アダムズ自身にとって、「シャルトル」とは何だったのか、という問題について、簡単ではあるが、考察し、本章のしめくくりとしたい。

私はそれを、第一に文化史的コンテクスト、第二に美学的コンテクスト、第三に心理学的コンテクストにおいて考察しようと思う。

キム・モアランドは、十九世紀半ばよりアメリカ文学において顕著になる「中世趣味」の文化史的意味あいについて考察している。[24] 彼女は、「中世文化」がアメリカ作家にとり「理想」・「モデル」となり、その精神主義とは対照的な「現代アメリカ文化」を批判する「規範《コード》」となりえたことを明らかにしている。また、ジョン・ガッタは『アメリカのマドンナ』の中で、「マリア」（崇拝）は、アメリカ文化のなかで、「カウンター・カルチャー」的意味あい――つまり、ピューリタン的・男性中心的文化に対抗する文化としての意味あい――を帯びていると述べている。[25] まさしく、「中世趣味」と「マリア崇拝」が交わるところに成立するアダムズの「シャルトル」も、このような文化史的意味を持っていたと思われる。つまり、アダムズは、「中世」の精神主義を理想とし、「現在のアメリカ」の物質主義、実利主義を批判しており、それを「シャルトル」についての記述において明らかにしている。たとえば、「中世」のブルジョアが何ら実利的な目的なしに、ただひたすらマリアへの信仰という純粋に宗教的な目的のために、多額の金を投資しているのに対し、「現代アメリカ」のブルジョアがそのような純粋性、精神主義を失い、拝金主義的で実利的な存在へと堕落してしまったことを批判している。(26)また、アダムズは、「シャルトル」のうちに、「歴史をうごかす力」としての「女性的」なるものを見出し、歴史が「男性」によってのみつくられてゆくものではないことを明らかにし、「ピューリタニズム」に欠如している「神へのとりなし役」としての「聖母」の理想を、「シャルトル」の「聖母」のうちに見出している。男性中心的なピューリタン文化に欠如している女性的要素を、カトリック文化のうちに見出し、それを称揚しているのである。

第二に、美学的コンテクスト。「シャルトル」、それは、アダムズにとって「美の理想」であり、象徴主義的な「美学」を体現するものであった。「シャルトル」においては、すべての要素が「和音」をかなで、調和と均衡を示している。すべてが、「照応」(correspond)し、「象徴の森」を形成している。すべての要素が、石やガラスの即物性を脱し、象徴性をはらみ、そしてそれらは、「聖母マリア」のイマージュのもとに統合されて交響楽をかなでている。「シャルトル」は、アダムズにとって単なる現実のシャルトル大聖堂ではなく、純粋詩なのである。ユイスマンスは『大聖堂』(*La Cathédrale*, 1898)［アダムズは、『モン・サン・ミシェルとシャルトル』を書くときに、この本にもっとも大きな影響を受けたとされる］のなかで、「やさしくもあれば畏怖の対象ともなる『子』が、常に母の影を従えながら遍在するこの教会堂(＝シャルトル大聖堂)は、人々を一挙に現実から連れ出して、純粋美の奥深い喜悦へと拉し去る」(27)、と記しているが、アダムズが「シャルトル」を通して読者に伝えたかったのは、まさしくこの「純粋美の奥深い喜悦」であったと言えよう。

第三に、アダムズの心理学的コンテクストにおいて見た「シャルトル」とは何か。

この点については、すでにジョセフ・F・バーンズ（*The Virgin of Chartres: An Intellectual and Psychological History of the Work of Henry Adams*）とオスカー・カーギル（"The Medievalism of Henry Adams"）が詳しく述べている。[28] バーンズは、「シャルトルの聖母」を、アダムズの人生における諸問題（とくに妻の自殺）に対する「心理的防衛機制」として、またカーギルは、妻の自殺による「罪悪感」を「和らげる」試みとして、それぞれ心理学的に解釈している。それぞれ「アダムズとシャルトル」の関係の核心部分に光をあてており、鋭い指摘であるが、私はそれを、『モン・サン・ミシェルとシャルトル』と『ヘンリー・アダムズの教育』の対照性のうちにさぐりたいと思う。アダムズは、『ヘンリー・アダムズの教育』において、自らの人生の「決算書」を記している。そこには、中心性（統一性、秩序）の喪失の感覚、崩壊感覚（エントロピー的世界観）、世界にたいする懐疑の念が、自らの「教育」とその「失敗」を語ったそれぞれのエピソードにおいて表明されている。それは、アダムズ自身にとってアメリカが、いやアメリカのみならず十九世紀から二十世紀にかけての現代社会がどのように映ったかを記した臨床報告である。アダムズは、『ヘンリー・アダムズの教育』において示したアメリカ、そして現代社会についてのヴィジョン――つまり、「カオス」、「複雑性」、「エントロピー」、「中心性の欠如」、「真理の不在」、「相対性」、「断片化」（統一性の不在）等々――の対極を『モン・サン・ミシェルとシャルトル』において示している。そこに示されたヴィジョンとは、「秩序」、「単一性」、「中心性」、「絶対的真理」、「統一性」等々で言い表わせるであろう。そして、それらヴィジョンを集約的に表わすイメージ、それが「シャルトル」であり、「聖母マリア」なのである。そしてアダムズにとり、「シャルトル」、「聖母マリア」は、「現実」

においてはすでに失われてしまった「理想的世界」、「夢」なのであり、『モン・サン・ミシェルとシャルトル』という作品は、「失われた時」をふたたび「想像力」によって見出そうとする詩的な旅なのだ。アダムズは、悪夢のような現実的世界と対峙しつつも（いや、それゆえに）、一方で「夢」の世界へと逃れ、精神の均衡をたもっていたのである。アダムズの精神は、『ヘンリー・アダムズの教育』と『モン・サン・ミシェルとシャルトル』のあいだであやういバランスを保っていたのである。また、このように「シャルトル」、「聖母マリア」は、アダムズが社会的現実から逃避するための「夢」であるばかりか、彼の個人的現実から逃れるための「夢」でもあった。彼は、自らの倫理主義、精神主義がアメリカの政治腐敗の現実、物質主義、拝金主義と相容れず、疎外感、幻滅感、挫折感をいだいていた。それは、『ヘンリー・アダムズの教育』の全編をつらぬく主調低音である。このような感覚を味わっていたアダムズにとって、すべてを受け入れてくれるやさしい「母」＝「マリア」ほど彼の心を癒してくれる存在はなかっただろうと思われる。また、妻マリアンの自殺をきっかけに、はてしない絶望感とペシミズム、世界に対する懐疑の念、そしてつよい罪悪感をいだくようになったアダムズにとり、「マリア」は――愛によってすべてを許す「マリア」は――唯一の「救い」とうつったのではないだろうか。アダムズは、特定の宗教を信じることはなかった。が、彼を無神論者といい切ることはできないだろう。なぜなら、彼は『モン・サン・ミシェルとシャルトル』のなかで、「マリア」に対する讃歌を（そして「マリア」の教会である「シャルトル」に対する讃歌を）唱え、彼女に「救い」と「癒し」をもとめており、これは明らかに一種の「信仰告白」であるからだ。植田重雄氏は、「マリアは、……アフロディテの美、愛の要素、アルテミス、ヘラーの母性的・

女王的要素、アテネーの知恵の要素、デメーテルの農耕の要素など、すべての女性的なものの徳と価値を一身に凝縮集中して具現し、一神教的統一性をそなえている」[29]と述べているが、アダムズも、このような「マリア」の一神教に帰依し、個人的な現実の苦悩、悲しみから逃れようとしていたのだろう。そう考えると、『モン・サン・ミシェルとシャルトル』という書は、単なる中世史ではなく、アダムズの魂の「自伝」であると言えよう。

このように、アダムズにとっての「シャルトル」(「聖母マリア」)の意味あいは、実にさまざまな観点からとらえることが可能であるが、以下に引用するエミール・マールの言葉は、それを考える上で非常に示唆的である。

大聖堂全体が確信と信仰を感じさせる。疑いというものはどこにも存在しない。この清澄な静けさという印象を、大聖堂は今もなお与えつづけている。……

ここには疑いや、あるいは精神的不安のようなものに対する場所があるだろうか。……われわれは深い平和を味わう。生活の騒音は聖所の壁にはじけ散り、はるか遠いざわめきでしかない。それは不壊の箱舟であり、嵐もそれを打ち破ることはできない。この世のいかなる場所も、これに優る深い安心感を与えはしないであろう。[30]

この美しく、そして力強いマールの言葉に一行でもつけ加えることは蛇足であろう。なぜなら、ここには、マールにとっての「シャルトル」が書かれていると同時に、アダムズにとって「シャルトル」の持っていた意味あいが、すべて要約されていると思われるからである。

注

（1）馬杉宗夫『大聖堂のコスモロジー』（講談社現代新書、一九九二）、二〇一―二〇三頁。

（2）Henry Adams, *Mont Saint Michel and Chartres*（Penguin Books, 1986）, p. 15.

（3）Raymond Carney "Introduction to *Mont Saint Michel and Chartres*", in *Mont Saint Michel and Chartres*（Penguin Books, 1986）.

（4）Ernst Scheyer, *The Circle of Henry Adams: Art and Artists*（Detroit: Wayne State Univ. Press, 1970）,p. 103.

（5）John Carlos Rowe, *Henry Adams and Henry James*（Cornell Univ. Press, 1976）, p. 70.

（6）Robert Mane, *Henry Adams on the Road to Chartres*（Cambridge: Harvard Univ. Press, 1971）.

（7）J. C. Levenson, *The Mind and Art of Henry Adams*（Houghton Mifflin Company, 1957）, p. 245.

（8）To John Hay［Jan. 9, 1892］（*The Letters of Henry Adams* ed. by J. C. Levenson, Ernest Samuels, Charles Vandersee and Viola Hopkins Winner［Harvard Univ. Press. 1982］）

（9）Northrop Frye, *Anatomy of Criticism*（Princeton Univ. Press, 1957）, pp. 308-314.

（10）エミール・マール『ゴシックの図像学』（『十三世紀フランスの宗教芸術』の邦訳。田中仁彦他訳）上巻［国書刊行会、一九九八］、九頁。

（11）To Ward Thoron［20 Jan. 1911］. To Albert Stanburrough Cook［9 Feb. 1911］

（12）Henry Adams, *Mont Saint Michel and Chartres*, p. 70.

（13）*Ibid.*, p. 71.

(14) エミール・マール『ゴシックの図像学』下巻、五六―五九頁。

(15) Henry Adams, *Mont Saint Michel and Chartres*, pp. 77-8.

(16) Henry Adams, *Mont Saint Michel and Chartres*, p. 85.

(17) 馬杉宗夫『大聖堂のコスモロジー』、一三二頁。

(18) ジョルジュ・デュビイ『ヨーロッパの中世――芸術と社会』（池田健二他訳）〔藤原書店、一九九五〕、一二三頁。

(19) エミール・マール『ゴシックの図像学』下巻、一八六―一八七頁。

(20) Henry Adams, *Mont Saint Michel and Chartres*, p. 170.

(21) 柳宗玄、馬杉宗夫『シャルトルの大聖堂』（世界の聖域一五、講談社、一九八〇）、一四三頁。

(22) Henry Adams, *Mont Saint Michel and Chartres*, p. 172.

(23) Henry Adams, *Mont Saint Michel and Chartres*, p. 173.

(24) Kim Moreland, *The Medievalist Impulse in American Literature* (University Press of Virginia, 1996).

(25) John Gatta, *American Madonna: Images of the Divine Woman in Literary Culture* (Oxford Univ. Press, 1997), pp. 3-9.

(26) Henry Adams, *Mont Saint Michel and Chartres*, p. 95.

(27) J・K・ユイスマンス『大伽藍』（出口裕弘訳）〔光風社、一九八五〕、二八一頁。

(28) Joseph F. Byrnes, *The Virgin of Chartres* (Fairleigh Dickinson Univ. Press, 1981). Oscar Cargill, *Toward a Pluralistic Criticism* (Southern Illinois Univ. Press, 1965).

(29) 植田重雄『聖母マリア』（岩波新書、一九八七）、一二九頁。

(30) エミール・マール『ゴシックの図像学』下巻、二九三―二九六頁。

＊本章は拙論「教会の解剖学――アダムズとシャルトル」（『英語英米文学』、第三九集、中央大学英米

文学会、一九九九年三月、所収）をもとにして書かれたものである。

第二章　中世を「横断」する——「聖母マリア崇拝」を軸として

はじめに——壮大な未完成

一九〇一年七月初旬、ヘンリー・アダムズは、北フランスにあるボーヴェ大聖堂を訪れた。[1] この頃、彼は『モン・サン・ミシェルとシャルトル』を執筆中であり、フランス各地の大聖堂を旅していたが、特にボーヴェ大聖堂に感銘を受け、創作のインスピレーションの源となった。そのことは、『モン・サン・ミシェルとシャルトル』の終結部——あたかもコラールのように高らかに鳴り響く最終章——において、アダムズがボーヴェ大聖堂を讃え、それを中心的モチーフとしてリフレインのように用いていることから推察される。

その後もアダムズは、ボーヴェ大聖堂を訪れている（一九〇五年七月初旬[2]）。前回訪れたときと同じく、夏の初め、それも雨模様の一日である。

雨の日のボーヴェ大聖堂は、ひときわ神秘的であり、異様な姿を呈する。私は、二〇〇九年の夏の終わり、雨模様の日に、パリから北へ高速鉄道に一時間ほど乗り、ボーヴェ大聖堂を訪れてみたが、まず、目に入るのは、その奇怪なまでの巨大さである。遠近法が狂ったかのように、ぬっと現れる。怪物のように。いや、白亜の崖のごとく。恐怖感を与えるほどの巨大さだ。なんとも形容しがたいのであるが、酒井健著『ゴシックとは何か』の冒頭部分に記されているボーヴェ体験は、それを正確に、細部に至るまで表現していると思われるので、ここにその文章を引用してみよう。

するといつのまにか、大聖堂の灰色の巨体が眼前に立ち現れ、私の視界を占領した。夕闇のなかで家並を越えてそびえるその石の建造物は、尋常ならざる姿、無気味な気配で私をしきりに威嚇した。街路を進み四つ辻に出ると視界がいっきょに開け、間近に大聖堂の側面がすべて現れでたが、私はこの眺めに全身射すくめられ、その場に立ちつくしてしまった。蟹の足のような格好で伸びた幾本もの長大な石柱があまりにもグロテスクだったからだ。

北方の暗い空を背景にそそり立つおどろおどろしい大建築物。もの言いたげに迫ってくる不吉な巨体。ゴシック様式の大聖堂が私の心に最初に食い入ったときの印象である。この印象とともに私は、ゴシックを見た、という思いにはじめて襲われたのだった。(3)

そう、まさしく、このグロテスクなまでの巨大さ。これこそボーヴェ大聖堂だ。あるいは、ボーヴェ大聖堂についての最も優れた書の一つである『ボーヴェ大聖堂――超越の建築』の著者スティーヴン・マレイの評言に耳を傾けてみるのもいいだろう。彼は、ボーヴェ大聖堂を評して、「岸に打ち上げられた鯨のようだ」と言っている。(4)

こうした表現は、大げさなようだが、実際ボーヴェ大聖堂を目の前にしてみると、実にリアルである。石造りの建物であるが、何か巨大な生物のような感じがするのである。

アダムズも、右に述べたようなボーヴェ大聖堂の「巨大さ」に圧倒された。同時に、その壮麗さ、重量感、中心へ収斂する（あるいは中心から拡散する）力線、天へと向かう意志、物理的な限界を超えて高さをめざす志向性、そして崩壊してもふたたび回復し立ち直ろうとする不屈の生命力に圧倒されたのである。

しかしながら、アダムズの「ボーヴェ体験」は、それにとどまるものではなかった。彼はさらに深奥をみつめていた。目に見える教会の背後に、もうひとつの「教会」を幻視していた。ボーヴェ大聖堂の巨大な骨格を、もうひとつの「巨大な骨格」と重ね合わせていたのだ。

その「教会」とは何か？

それは、トマス・アクィナスの「知的教会」である。トマス・アクィナスの「知的教会」とは何か。言うまでもなく、『神学大全』のことである。

『モン・サン・ミシェルとシャルトル』の第一六章において、アダムズは、ボーヴェ大聖堂と『神学大全』の「構造的相同性」を読みとろうとしている。アダムズの言葉を、以下に引用してみよう。

『神学大全』とボーヴェ大聖堂はともに、きわめて近代的、科学的で、専門的技術を必要とするものであり、スコラ的科学の方面においてヨーロッパが到達した究極の地点を示していた。(5)

ここで、アダムズは、パノフスキーさながら、(6)ゴシック大聖堂であるボーヴェ大聖堂とスコラ学の頂点である『神学大全』を重ね合わせている。また、両者が未完成であることにも注目している。

不運にも、彼の最大の書『神学大全』は未完成である――ボーヴェ大聖堂のように[7]。『神学大全』とボーヴェ大聖堂の比較・対照は、上に引用した箇所以外にも多く見出される。アダムズは、ボーヴェ大聖堂という「建築」とトマス・アクィナスの「知的教会」を重ね合わせ、ちょうど合わせ鏡のように相互に照らしあわせて読んでゆくのである。そして、樺山紘一の言葉を用いるなら、「ゴシック世界の思想像」を探り出そうとする。

ここに、アダムズの方法論の誕生の瞬間が見て取れる。アダムズの方法論とは何か？　それは、「横断的」方法である。建築を建築としてのみ読むのではない。あるいは、哲学を哲学としてのみ読むのではない。建築と哲学（もしくは神学）を「横断」してゆく読みである。『モン・サン・ミシェルとシャルトル』という作品の方法論の要は、「横断」である。「横断」という方法なくしては、この作品は成立し得ない。また、「横断」という方法を無視しては、この作品を十分に理解することは不可能である。

すでに筆者は、「教会を読むアダムズ」、「教会の解剖学」という二つの論考において、この「横断的」方法について言及してきた[8]。本章も、その意味では、それら二論考の延長上にあるといってよいものである。しかしながら、それらの論考は、主として「横断的」方法の概略について明らかにしたものであり、具体的な細部について「横断的」方法を十分論じているとは言いがたい。それゆえ、本章では、先の二つの論考では十分言及できなかった箇所を中心に、あらためて「横断的」方法の具体的様相について論じてゆくつもりである。が、総覧的に「横断的」方法の具体相を論じつくすことは、紙数に限りがあり不可能である。そこで、この章では、そのなかでも、「聖母マリア崇拝（崇敬）［Mariolatry］」（以下「マリア崇拝」と略記）に関する「横断的」読みにのみ焦点を絞って論じることにしたい。そして、「マリア崇拝」を軸として作品を読み解くことで、宗教、建築、政治、文学を「横断」してゆく、華麗なる、自由自在なアダムズの「読み」の一端を明らかにしようと意図している。

一　マリアの宗教学

「マリア崇拝」は、初期において、特に東方教会を中心に発達した。福音書のマリアに関する記述、また、外典（たとえば「ヤコブ原福音書」）にしるされているマリアに関する記述を基にし、あるいはイコンを通じて、「マリア崇拝」が盛んになっていった。「マリア崇拝」は、「七世紀になると西方教会にも定着していった」（シルヴィ・バルネイ『聖母マリア』）[9]。西ヨーロッパにおいて、とりわけ「マリア崇拝」が盛んになるのは、十二世紀のことである。その事情にかんしては、渡辺節夫が『フランスの中世社会』のなかで簡潔に要約しているので、それを以下に引用してみたい。

……百合の花は元来〝正義〟、〝清純〟という精神的価値の表徴であったが、それが処女マリアと結びつけられるようになったのは十二世紀においてである。この世紀は聖母マリア崇敬の一大高揚期であった。マリアの処女懐胎、〝無原罪のやどり〟が理論化され、その処女性と白百合の清純さの象徴的な一体化が起こり、〝聖母マリアの被昇天の祭日〟（八月十五日）が設けられた。

十二世紀における聖母マリア崇敬の高揚は、彼女を共通に守護聖者とするシトー派修道院のヨーロッパ規模での隆盛と軌を一にするものである。また、聖母子像が制作されるようになるのも十二世紀からであり、ゴシックの大聖堂の扉口に聖母の昇天や戴冠の図が頻繁に描かれるようになるのも十二世紀末からである。

聖母マリアを象徴する百合の花とフランス王、王権との結びつきが始まるのも十二世紀からである[10]。

渡辺は、こうした「百合の花と王権」の結びつきの例として、「百合の花をあしらった十字架を刻んだ硬貨」、「百合の花をかたどった旗（これは十字軍遠征の際に用いられた）」、などを挙げている。そして、十三世紀の末には、「三弁模様の百合の花」は、王家の紋章となり、王の権威の表徴となる、と言っている。

また、十二世紀初頭になると、「天の女王としてのマリア」という観念が顕著になる。ドニ・ド・ルージュモンは古典的名著『愛と西欧』（邦訳は『愛について』）のなかで、それについて明確に語っている。

この頃よりマリアは普通「天の女王」regina caeli の肩書をもつようになり、爾来美術によってマリアを表現するとき女王の姿で表わすことになった[11]。

それと時を同じくして、ゴシックの大聖堂が数多く建てられるようになる。

フランスでは中世の聖母崇拝の高まりと共に、各地に聖母マリアに献じられ、ノートル・ダムの名が冠される聖堂の建造が相次いだ。すなわち名高いパリ(ノートル・ダム・ド・パリ)をはじめシャルトル、ランス、アミアン、ラン等のノートル・ダム聖堂はいずれも十二世紀後半から十三世紀前半の造営になる。(諸川春樹・利倉隆『聖母マリアの美術[12]』)

アダムズが『モン・サン・ミシェルとシャルトル』で主に論じているシャルトル大聖堂も、こうした「マリア崇拝」の高揚するなか建設されたものであり、当然のことながら、アダムズは、「マリア崇拝」について論じている。いや、論じているというよりも、想像のなかで中世人の視点を共有しつつ、「マリア崇拝」を感覚的に表わそうとしていると言ったほうがいいだろう。事実、この作品は、散文詩で書かれた「マリア讃歌」と言ってもよく、それは以下のような文章に明らかである。

……私たちがシャルトルのどこで聖母マリアを思い出すにせよ、いつの時代のものであろうと、彼女は常に女王だ。その表情と態度はいつも穏やかであり、堂々たるものだ。彼女は決して、私たちの感情にヒステリックに訴えかけて同情を求めることはない。また、完全に支配し命令するということもない。むしろ、人間の自発的な、疑うことも躊躇もしない、本能的な信仰・愛・献身を受けとめてくれる。彼女は、私たちの信仰・愛・献身をこれからも受け入れてくれるであろうし、私たちはそれを拒絶する勇気をもたない。そうする権利すらない。なぜなら、私たちは彼女の客人であるからだ(13)。

この安心感と確信に満ちた「マリア讃歌」が、作品全体をつらぬくモチーフとなっているのだ。こうした「マリア讃歌」をうたいあげながら、アダムズは、シャルトル大聖堂という「建築」の隅々にまで「マリア」の存在を感じ取っているのだ。

さて、アダムズはどのように宗教と建築を「横断」しているのであろうか。それが、次節で明らかにされねばならないことである。

二　マリアの建築学

O・フォン・ジムソンは、『ゴシックの大聖堂』のなかで、シャルトル大聖堂について次のように述べている。

その大聖堂は聖母によって彼女の「地上における特別の住まい」として選ばれ、〈ノートルダム〉に捧げられた他のすべての聖所よりももっと彼女に愛好された「〈神の御母〉の天上の宮居」とよばれたのである。この時代には天と地は互いに近かった。聖所においてそれらは一つのも

のとしてあった。〈ノートルダム〉が人びとの間に住んでいたのはここであった。(14)

アダムズは、『モン・サン・ミシェルとシャルトル』のなかで、シャルトル大聖堂をつくったのは聖母であり、聖母のために、聖母を喜ばすために大聖堂が建てられたのだ、と力説している（Chartres was built to be peculiarly and exceptionally her delight.）。(15)

シャルトルの教会は、民衆や聖職者のものではなく、ローマにすら属してはいなかった。それは、聖母マリアのものであった。(16)

もしあなたがシャルトルを十分楽しみたいなら、しばしマリアを信じなくてはならない。……そして、建築家たちが、配置した石のうちに、鑿のどの一刻みにも感じたように、彼女の存在を感じとらねばならない。(17)

こうした観点から、アダムズは、シャルトルの隅々に、聖母マリアの存在を読み取ってゆく、もしくは感じ取ってゆくのである。以下に、その詳細を記してみよう。

（1）　正面、南側扉口

シャルトル大聖堂正面、南側扉口の上方、「楣」と呼ばれる部分には、「マリアの受胎告知」、「受胎したマリアのエリザベス訪問」、「出産に際して寝台に横たわるマリア（これは正統神学では描かれない図像である）」などが刻まれている。そして南側扉口の中央部（半円形のティンパヌム）には、「冠をいただき、王笏を手にし、幼子イエスをひざに載せて玉座にすわるマリアの姿」が描かれている。聖堂正面の南側扉口の中心人物はマリアなのであり、ここには、「天の女王マリア」という観念が歴然としている。シャルトルのファサード（正面）は、主として十二世紀に作られたものであるゆえ、十二世紀において支配的になったマリア観、「マリア崇拝」が如実に示されていると言ってよいであろう。

（2）　バラ窓と後陣

バラ窓は、聖母マリアの象徴である。なかでも、正面のバラ窓は、他の大聖堂に比べても大きく、華美を誇っており、いかにシャルトル大聖堂が聖母マリアのために捧げられたものであるかが分かる。しかも、バラ窓は主祭壇から一番目立って見える位置にあり、教会内部全体を見渡す位置にあるため、マリアの支配する教会という観念、「聖母の宮居」という観念が顕著である。

西正面の反対側に位置する、後陣（アプス）についてはどうだろうか。後陣にある放射状祭室について、アダムズは他の大聖堂の図面と比較しつつ、次のようなことを明らかにする。それは、シャルトル大聖堂の放射状祭室の形が、より曲線的で優美であること、また、特にそのうちの三つが、華麗な造りをしており、より多くの光を取り入れる構造になっているということである。パリのノートル・ダム大聖堂のような、数学的・機能的な祭室とは正反対に、シャルトルの祭室は、変化に富んでおり、個性的であるとも述べている。そこから、アダムズは、シャルトルの祭室は、「マリアの個室」であり、「女王が楽しむために光の調整、按配をした」、マリアの趣味にもとづいた構造であると主張している。ここには、建築学的な、合理的な裏づけはないが、アダムズの感性と直感でとらえたシャルトル大聖堂の本質が示されていると言っていいだろう。アダムズの手法は、論弁的であるよりも詩的であり、われわれ読者は、アダムズの詩的言語に感覚的に説伏されてしまうのである。

（3） ステンドグラス

シャルトル大聖堂のステンドグラスの美しさは、「シャルトル・ブルー」として世界的に有名である。この華美なステンドグラスには、ファサード（正面）と同じく、マリアの図像が多く描かれている。そのなかには、「女王としてのマリア」を表わした図像が多い。他の大聖堂においては、「キリストをいだくマリア（聖母子）」の図像が主であるが、シャルトルでは、それと同じくらい「マリアをいだく母アンナ」の図像にウエイトが置かれているという点も、「天の女王マリア」に対する崇敬の念を表わしていると言えよう。北袖廊は、特にマリアに捧げられており、北袖廊のバラ窓の中心にあるマリア像はそれを物語る。また、尖塔窓（ランセット）においても、「女王マリア」を表わす図像が顕著である。

こうした、ステンドグラスに描かれた「女王マリア」のイメージをさらに強調しているのが、そのきらびやかで酩酊させるような色彩である。そうした色彩は、「天の女王」のまとう豪華な衣装をイメージさせる。そのイメージについては、アダムズ自身の文章を引用するのがいいだろう。アダムズは、シャルトルのステンドグラスを評して以下のように記している。「青の澄明さ、赤の深さ、緑の強烈さ、複雑なハーモニー、光のきらめきと壮麗さ。[18]」

このアダムズの評言に付け加える言葉はないだろう。これは、感覚を通してアダムズがとらえたマリアのイメージである。そして、ステンドグラスの彩色さながらきらめくアダムズの詩的な文体に引き入れられるように、われわれ読者も、シャルトル大聖堂のステンドグラスのイメージに眩暈をおぼえるほどの鮮烈な印象をいだくのだ。

「天の女王としてのマリア」のこのようなイメージ。アダムズは、それをシャルトル大聖堂の隅々に見出してゆこうとするのであるが、彼の「読み」はそれにとどまらない。彼は天上的な女性にたいする賛歌をうたいつつ、それと重ね合わすように、世俗的な女性にたいする賛歌を奏でているのだ。ゴシックの時代に聖母が支配的になっているように、それと同時代の十二世紀から十三世紀にかけて、世俗的な〈女王〉が支配的な力を振るっているということを見出しているのだ。それが、次節のテーマである。

三　マリアの政治学

ヘンリー・アダムズは、『モン・サン・ミシェルとシャルトル』の第一一章「三人の王妃（女王）」（"The Three Queens"）のなかで、「ゴシック建築の偉大な時代は、エレオノールの到来（一一三七）とともに始まり、ブランシュの死去（一二五二）とともに終わる」[19]、と言っている。この文章の意味するところは、象徴的である。この文は、単に、ゴシックの時代に支配力、統率力をそなえた女性が現れたということを意味しているばかりではない。アダムズにとって、「ゴシックの偉大な時代」とは、「マリア崇拝」が最高潮に達し、「天の女王マリア」がゴシック教会を統率し、支配下においいていた時代を意味していることを考えると（アダムズが讃えているゴシック大聖堂が、マリアを中心としていた時代のものであることは、作品全編を通じて明らかである）、この文章は、天上的な「女王マリア」の時代は、世俗的〈女王〉〈王妃〉が活躍した時代とパラレルである、ということを示唆しているように思われるからだ。事実、この章では、〈女王〉〈王妃〉たちが、マリアと比較対照されながら説明されている。

エレオノールは、従順であるとはいいがたい女性であった。他の何かを愛していたにせよ、彼女が、支配することを愛していたのは確かである。こうした感情を完全なまでに共有していたのは、イギリスの王位を継ぎ、彼女の唯一のライバルにして偉大なる後継者となるエリザベス女王であった。エレオノールは、社会が、その軍事的理想である聖ミカエルに対する崇拝から、その社会的理想である聖母マリアに対する崇拝へと転換しつつある時期に、たまたまフランス王妃となったのである。[20]

……百五十年ものあいだ、聖母マリアと女王があまりにもみごとにフランスの趣味と思想を支配した。[21]……。

十二世紀から十三世紀にかけて、フランスの宮廷を支配する女性の権力者が登場している。ちょうど、日本の北条政子や日野富子さながら。ゴシック大聖堂の「天の女王マリア」のごとく、権威を有し、崇拝される女性が。つまりアダムズは、政治と宗教・建築を「横断」して、一見何のかかわりもないように見える現象の間の、「構造的相同性」を浮かび上がらせようとしているのである。

本章では、「三人の王妃（女王）」という章のなかで扱われている王妃のうち、エレオノール（アリエノール）とブランシュに焦点を絞って、その政治的権力の様相について略述してみたい。

エレオノール（アリエノール）（一一二二？―一二〇四）は、ルイ七世の王妃であり（一一三七―五二）、ルイ七世と離婚した後、ヘンリー二世の王妃であった（一一五四―八九）。彼女は、莫大な財産、領有権ゆえに、つねに支配的な立場を維持した。夫と不和になれば、自分の意志にもとづいて離婚し、すぐにイングランド王と再婚した。また、イングランド王である夫の権力を簒奪するために、息子たちを味方につけようとした。マリアのように慈愛に満ちた女性ではないが、実質的に〈女王〉として君臨している点では、「天の女王マリア」と同じく絶対的な権威を示している。

アダムズは以下のように結論している。


エレオノール・ド・ギュイエンヌは、すべてのフランス女性のうち最も偉大な女性であった。ボルドーであれポワティエであれ、パリであれパレスチナであれ、ロンドンであれノルマンディーであれ、また、ルイ七世の宮廷であろうと、ヘンリー二世の宮廷であろうと、彼女自身の「愛の宮廷」であろうと、彼女の決断がすなわち法となったのだ。他のいかなるフランス女性も、彼女ほどの支配力を持ったことはなかった。(22)

もちろん、エレオノールをとりまく、数多くの誇張した伝説が出来上がっているので（それについては、ジョルジュ・デュビイの『十二世紀の女性たち』に詳しく書かれている）[23]、アダムズのこのような最上級表現は、割引いて考える必要があろう。が、当時のヨーロッパ社会で、エレオノールが最も政治的影響力を有した女性の一人であったことは確かな事実である。

その孫娘であるブランシュ・ド・カスティーユ（一一八八―一二五二）は、エレオノールの再来のような強い女性である。いや、エレオノール以上と言ってよいだろう。ルイ八世が死去（一二二六）すると、息子ルイは年少であったため、ルイ八世の王妃であるブランシュが摂政として約十年間実権を握る。肩書きは「王妃」であるが、摂政という立場を有利に生かし、実質的には〈女王〉として政治に参加した。このようなブランシュの権力はあまりにも広大であったために、しばしば諸侯の反発を買った。その代表的なものが、ピエール・ド・ドゥルーを中心とした諸侯のブランシュに対する反乱である。この反乱については、すでに前章で詳しく述べた。また、両者の対立が、シャルトル大聖堂における建築学的構造・装飾的表現にあらわされているということについてもすでに詳述したので、ここでは繰り返し述べない[24]。ただ、以下のことだけ言及するにとどめておこう。それは、アダムズがシャルトルの図像を「読み解く」際に、ブランシュと「天の女王マリア」を重ね合わせているということだ。アダムズが、建築・宗教・政治を「横断」していることは、次の引用文に明白である。これは、ブランシュの摂政時代に完成したとされるフランス王家のバラ窓についての記述である。

「フランス王家のバラ窓」の中央部分には、王冠をかぶり、右手に笏を持ち、王座についた聖母マリアが描かれており、一方左手は、ひざの上の幼い王キリストを支えている。そのことは、彼女もまた息子の摂政としての役割を果たしていることを示している。[25]

下にいるわれわれ一般の人々は、フランスが、シャルトルの聖母を最高位の臣下として保護し守ると主張していることを理解する。また、百合と城がたくさん描かれているのは、フランスを讃えているのではなく、「われらが貴婦人」（ノートル・ダム）への忠誠心を示しているのであり、また、すべての新来者――とくに、大胆にも反対側の翼廊で対等の権利を主張する反逆者ピエール――にたいして、「天の摂政女王」としての聖母の権利を主張しているのだと理解する。[26]

「天の摂政女王」（"Queen Regent of Heaven"）という表現は、アダムズの「横断的」読み（あるいは「横断的」幻想）を何より物語っているであろう。実証的に言えば、やや牽強付会な図像解釈と言えようが、詩的なイメージとして（想像世界を交えた解釈として）読むならば、こうした合成的な表現も実にふさわしく思われてくる。「ルイ九世を摂政として支えるブランシュ」が、「聖母子像」（正確に言うなら、ひざの上にキリストをのせた「天の女王」＝「荘厳のマリア」）と重ね合わされている。また、百合の花はフランス王家の紋章であるが、世俗的な王権と、天上的なマリアの権力が、ここでは重なり合っているのだ。

以上、具体的に、「マリアの政治学」について述べてきた。しかし、「三人の王妃」という章は、「マリアの政治学」について述べているばかりではない。それは、「マリアの文学」への橋渡しの章なのである。エレオノール、マリ・ド・シャンパーニュという二人の王妃は、政治的な権力を有しているばかりではない。実は、文学的世界を支配する〈女王〉でもあるからである。彼女らの宮廷は、「宮廷風恋愛」の中心であり、「マリア崇拝」と「文学」が交差する場所であったからだ。アダムズはこう言っている。

私たちは、人生の芸術的、社会的側面に関心があるのであり、以下のような偶然の一致に注目しさえすればよいのだ。すなわち、マリアが、民衆の精神を向上させ純化するために、奇跡さながら霊的な愛の力を用いていたのと同時に、エレオノールと彼女の娘が、宮廷を鍛練し規律正しいものにするために、世俗的な愛の力を用いていたということである。[27]

エレオノールは南仏から、彼女に仕えるトルバドゥールを共に引き連れて行き、フランスに宮廷風恋愛文学を広め、娘の、マリ・ド・シャンパーニュ（一一四五―一一九八）は、さらにそれを発展させたことで知られる。

次節では、こうした「マリアの文学」について検討してみたい。

四　マリアの文学

西欧文学において、十二世紀になると、「女性崇拝」（特に「貴婦人崇拝」）の文学が多く書かれるようになる。この原因については、研究者や批評家は様々な説を述べているが、彼らが共通してあげている要因の一つは、「マリア崇拝」である。水野尚は、『恋愛の誕生』のなかで、「こうした変化が起きた理由ははっきりとはわからない」としつつも、主な要因として「マリア崇拝」に注目しており、(28) ジャンヌ・ブーランとイザベル・フェッサールは『恋愛法廷』（邦訳は、『愛と歌の中世』）のなかで、「マリア信仰が異常なひろがりを見せた」ことが、女性蔑視の風潮を逆転させたと述べている。(29) また、木間瀬精三は、このような文学現象の要因を、次のように明快に説明している。

西欧の世界の聖母は、あらゆる騎士の憧れの的であるノートル・ダーム（我等の貴婦人）であります。騎士達が仕え、あがめ、その前にひざまずく貴婦人たち、その最高の座にある天の女王なのです。美しき女性のうちの最も美しき女性、それが聖母なのです。いわば、女性中の女性。女性の理想像です。西欧の中世美術における聖母像は、その超自然性よりも、その人間性を強く表わしております。こういうふうな聖母様の人間臭い姿は、必然的に人間の生身の女性のうちに聖母様の似姿を見るということになり、ひとりひとりの女性のうちに小さな聖母様を見るということになり、騎士道の婦人崇拝は宗教的な裏付けを得ることになります。（「トゥルバドゥールの世界と聖ベルナール」(30)）

この見解は、単に「マリア信仰」が要因であると述べているばかりでなく、西欧における「マリア信仰」の此岸性・世俗性が要因であると洞察している点で、とりわけ優れたものである。

十二世紀になると、それまでの男性中心文学から転じて、「マリア崇拝」を核とした女性崇拝（貴婦人崇拝）の文学（および「マリア」自体を中心的モチーフとした文学）が花開くのだ。アダムズは、こうした文学について、『モン・サン・ミシェルとシャルトル』のなかで、かなり詳しく論じている。ここでは、そのなかから、「宮廷風恋愛詩」、「宮廷風恋愛（騎士道）物語」、「マリアの奇蹟物語」を取り上げてみよう。

すでに述べたように、「宮廷風恋愛文学」は、エレオノール（アリエノール）とその娘であるマリ・ド・シャンパーニュによってフランスに広まった。田村毅・塩川徹也編『フランス文学史』には、そのことが詳しく説明されている。

トルバドゥールの歌う恋は、満たされなければ憎しみに転じるような、理性を燃えつくす情念のことではない。むしろ意中の婦人への欲望は宙づりのままにとどめるべきなのであって、その煩悶と焦燥を心ゆくまで耐え、極限まで増幅された動揺を思うさま味わい、そうすることによって精神をはるかな高みに躍動させなくてはならない。トルバドゥールはこの精神の昂揚を喜びと捉え、フィン・アモール（まことの愛）と讃える。（中略）
そのフィン・アモール、ないしアムール・クルトワの観念を北仏の宮廷に伝えるにあたって大きな役割を果たしたのは、ポワチエ伯ギョームの孫娘でポワチエ伯領とアキテーヌ公領の相続権者、アリエノールであった。彼女は初めフランス国王ルイ七世と結婚（一一三七）。その娘、マリーとアエリスはそれぞれシャンパーニュ伯とブロワ伯に嫁ぎ、北仏の宮廷に母親ゆずりの恋愛文学趣味をもたらした。[31]

アダムズは、このようにして「宮廷風恋愛詩」を中心にフランスに広がった、「宮廷風文学」についての歴史を、『モン・サン・ミシェルとシャルトル』のなかで詳しく記している。ただ、「宮廷風恋愛詩」についてては、具体的な作品の分析はほとんど行っていない。主として、「宮廷風恋愛詩」が上に述べたような経緯で広まっていったという文学史的事実を祖述しているのみである。アダムズが、テキストの詳しい分析を行っているのは、主に「宮廷風恋愛（あるいは騎士道）物語」である。

まずは、十二世紀の詩人クレチアン・ド・トロワ（c．一一二五―一一九一）。クレチアンは、シャンパーニュの宮廷詩人であり、マリ・ド・シャンパーニュに仕えた。クレチアンは、聖母マリアを崇拝するように、マリに詩をささげたが、特に、「宮廷風恋愛（アムール・クルトワ）」の観念が明らかになるのが、アーサー王伝説、聖杯伝説に題材をとった、『ランスロ』や『ペルスヴァル』である。そして、アダムズのクレチアン読解の特徴として挙げられるのは、彼が物語を物語としてのみ読んでいないということである。彼は、クレチアンのテクストを、ゴシック建築と「横断」しながら、それらの「相同性」を見出している。特に、ステンドグラスと物語（あるいは詩）のあいだを「横断」している。以下のように。

この詩の特質は、どこかステンドグラスの特質に似ている。[32]

ペルスヴァルの神秘は、ゴシックの大聖堂さながら、あふれる光によって照らしだされ、豊かな色彩で生気をあたえられている(33)。

ある芸術家（クレチアン・ド・トロワ）は、マリ・ド・シャンパーニュのために作品をつくった。また他の芸術家（ステンドグラス職人）は、一般に「聖母」として知られていたシャルトルのマリアのために仕事をした。しかし両者とも、誠実に、色・光・線にたいする第一級の清新な自由な本能によって仕事をした(34)。

確かに、アダムズの分析するとおり、クレチアンの世界は、彩色豊かで宝石をちりばめたような世界であり、それはまさにシャルトル大聖堂のステンドグラスそのままだ。

つぎに、アダムズは、同じく名高い中世文学である『オーカッサンとニコレット』における、「宮廷風恋愛」の様相を分析している。そして、作品における「愛」のテーマについて詳しく述べる。

愛をつうじてのみ、主人公は周りの世界を見渡し、愛のために、彼は時代が重んじたすべてのものを（騎士の名誉、戦場での勲功、父母、地獄、そして天国ですら）軽蔑する(35)。

……宮廷風恋愛のまことの騎士は、敵の槍、社会の顰蹙、親の脅し、魔術の恐怖に挑んだように、地獄の苦しみに挑むことを何とも思わなかった。完璧な、立派で高貴な宮廷風恋愛の恋人は、自分の愛のほかは何も考えなかった。[36]

アダムズの断定的な、確信に満ちた文体によって、ここでは、「愛の至上性」、「宮廷風恋愛の極限形態」が語られている。そして彼は、『オーカッサンとニコレット』を、クレチアンから『薔薇物語』にいたる、「宮廷風恋愛」を主題とする文学的系譜に位置づけている（『薔薇物語』について、アダムズは、特にその「第一部」、ギョーム・ド・ロリスによって書かれた部分に注目している。「宮廷風恋愛の寓意詩」である『薔薇物語』における象徴性［薔薇＝女性的理想、聖母］を強調している）。

最後に、アダムズの論じている「マリアの文学」として、ベネディクト派の修道士ゴーチエ・ド・コワンシ（一一七七／八一—一二三六）の『聖母の奇蹟』を取り上げよう。「聖母の奇蹟」といえば、「ルルドの泉」など日本人にもよく知られたテーマであるが、コワンシの書は、そうした「聖母の奇蹟」の物語を集めたものである。それは、約八〇篇の物語から成っており、ゴーチエ・ド・コワンシ研究者のトニー・ハントが「クレチアン・ド・トロワの作品と質的には同等である」[37]と評するほど、優れた文学作品である。アダムズは、特に、シャルトル大聖堂との「横断的」読みを行っている。

修道士であり、修道院長代理であったゴーチエ・ド・コワンシによって、一二一四年から一二三三年にかけて（まさにシャルトルの彫刻やステンドグラスが制作されたのと同じ時期に）詩

で書かれたマリアの奇蹟譚の集成は、三万行から成るものである。(38)

こうしたアダムズの「横断的」読みは、ゴーチエ・ド・コワンシのテクストのうちに、「天の女王としてのマリア」を見出してゆく。そして、『聖母の奇蹟』に描かれるマリア像が、シャルトルのステンドグラスさながら、色鮮やかな光にみちた輝かしく荘厳なイメージにかたどられていることを、アダムズは具体的なテクストを引用しつつ明示してゆくのである。

おわりに

以上、「マリア崇拝」を軸として、アダムズの中世「横断」の具体例を見てきた。このような多層的、多角的なアプローチは、現在においては「学際的方法」として一般化しているが、この作品が二十世紀の初頭に書かれたことを考えに入れると、その先駆性は十分評価に値するものである。単なる建築の歴史ではなく、見方によって玉虫色に変化する自由自在な華麗なる書物。乱反射する多面鏡。重ね書きされた羊皮紙……。

これはまさしく、時間によって、空間的位置によって、自在に変化する、大聖堂内部の光と色の魔術そのものと言っていいだろう。

注

（1）To Charles Milnes Gaskell（3 July, 1901）, To Louisa Hooper（6 July, 1901）. *The Letters of Henry Adams Vol. V: 1899-1905*（Cambridge, Massachusetts : The Belknap Press of Harvard University Press, 1988）, pp. 259-263.

（2）To Elizabeth Cameron（2 July, 1905）, *The Letters of Henry Adams* Vol. V, pp. 682-685.

（3）酒井健『ゴシックとは何か――大聖堂の精神史』（講談社現代新書、二〇〇〇年）、四―五頁。

（4）Stephen Murray, *Beauvais Cathedral : Architecture of Transcendence*（Princeton University Press, 1989）, p. 3.

（5）Henry Adams, *Mont Saint Michel and Chartres*（Penguin Books, 1986）, pp.356-357.

（6）アーウィン・パノフスキー『ゴシック建築とスコラ哲学』（邦訳は、ちくま学芸文庫、前川道郎訳、〔二〇〇一年〕が入手しやすい）。

（7）*Mont Saint Michel and Chartres*（Penguin Books, 1986）, p. 327.

（8）本書の第一部、第二章、および、第三部、第一章。

（9）シルヴィ・バルネイ『聖母マリア』（船本弘毅監修、遠藤ゆかり訳、創元社、二〇〇一年）、五〇頁。

（10）渡辺節夫『フランスの中世社会――王と貴族たちの軌跡』（吉川弘文館、二〇〇六年）、一五〇―一五一頁。

（11）ドニ・ド・ルージュモン『愛について』（鈴木健郎・川村克己訳、岩波書店、一九五九年）、一六三頁。
なお、『愛について』は、平凡社ライブラリー版（一九九三年）も出版されている。

（12）諸川春樹・利倉隆『聖母マリアの美術』（美術出版社、一九九八年）、一一二頁。

（13）*Mont Saint Michel and Chartres*（Penguin Books, 1986）, p. 141.

（14）O・フォン・ジムソン『ゴシックの大聖堂』（みすず書房、一九八五年）、一四五頁。

（15）*Mont Saint Michel and Chartres*（Penguin Books, 1986）, p. 89.

（16）*Ibid.*, p. 120.

（17）*Ibid.*, p. 96.
（18）*Ibid.*, p. 132.
（19）*Ibid.*, p. 190.
（20）*Ibid.*, p. 191.
（21）*Ibid.*, p. 193.
（22）*Ibid.*, p. 198.
（23）ジョルジュ・デュビイ『十二世紀の女性たち』（新倉俊一・松村剛訳、白水社、二〇〇三年）、一五一―一五二頁。
（24）本書の第三部、第一章。
（25）*Mont Saint Michel and Chartres*（Penguin Books, 1986）, p.175.
（26）*Ibid.*, pp. 175-176.
（27）*Ibid.*, p. 200.
（28）水野尚『恋愛の誕生――十二世紀フランス文学散歩』（京都大学学術出版会、二〇〇六年）、七―八頁。
（29）ジャンヌ・ブーラン、イザベル・フェッサール『愛と歌の中世』（小佐井伸二訳、白水社、一九八九年）、二七―二八頁。
（30）木間瀬精三「トゥルバドゥールの世界と聖ベルナール」（木間瀬精三編『文学における神』春秋社、一九八一年、所収）、一七一頁。
（31）田村毅・塩川徹也編『フランス文学史』（東京大学出版会、一九九五年）、一二―一三頁。
（32）*Mont Saint Michel and Chartres*（Penguin Books, 1986）, p. 202.
（33）*Ibid.*, p. 203.
（34）*Ibid.*, p. 206.

（35）*Ibid.*, p. 218.
（36）*Ibid.*, p. 220.
（37）Tony Hunt, *Miraculous Rhymes : The Writing of Gautier de Coinci*（D. S. Brewer, 2007）, p. 3.
（38）*Mont Saint Michel and Chartres*（Penguin Books, 1986）, p. 243.

参考文献（「注」で言及したものは除く）

Baym, Max Isaac. *The French Education of Henry Adams*（Columbia University Press, 1951）.
Chalfant, Edward. *Improvement of the World : A Biography of Henry Adams, His Last Life, 1891-1918*（Archon Books, 2001）.
Lambdin, Robert Thomas and Lambdin, Laura Cooper ed. *Encyclopedia of Medieval Literature*（Fitzroy Dearborn Publishers, 2000）.
Stevenson, Elizabeth. *Henry Adams : A Biography*（Transaction Publishers, 1997）.
Strachan, Gordon. *Chartres : Sacred Geometry, Sacred Space*（Floris Books, 2003）.

＊本章は拙論「中世を『横断』する――『聖母マリア崇拝』を軸として」（『人文研紀要』第七一号、中央大学人文科学研究所、二〇一一年九月、所収）をもとにして書かれたものである。なお、本章における、『モン・サン・ミシェルとシャルトル』からの引用の訳文は、野島秀勝氏の訳業（法政大学出版局、二〇〇四年）を参考にさせていただいた。

第三章　ヘンリー・アダムズの中世文学史
――『モン・サン・ミシェルとシャルトル』再考

はじめに

ヘンリー・アダムズの『モン・サン・ミシェルとシャルトル』をめぐる一連の論考において、筆者は、アダムズの中世文学論を他のジャンルとの関係性において横断的に考察してきた。しかしながら、その際、アダムズの中世文学論の概略を示すにとどまり、その詳しい内実については十分明らかにしてこなかった。本章では視点を変え、アダムズが、中世文学を――他のジャンルとの関係においてではなく――それ自体としていかに論じているかを明らかにすることを意図している。そうすることにより、これまでの論考で触れてこなかった、あるいはほんのわずかに言及するにとどまっていたアダムズの中世文学論の一側面にも十分に考察の光を当てたいと思う。

一　ガストン・パリスというアリアドネ

アダムズは、『モン・サン・ミシェルとシャルトル』における建築史の部分を記述するにあたり、ヴィオレ＝ル＝デュクの建築辞典をガイドブックとして用いていた。それは、この書のいたるところにヴィオレ＝ル＝デュクにたいする言及が見られることからも明らかである。

中世文学について論じる際、アダムズがガイドブックとして依拠していたのは何か？　それは、中世フランス文学の泰斗であるガストン・パリスの一連の著作、とくにその代表作とされる『中世フランス文学』（*La littérature française au Moyen Âge*, 1888）である。この書は、平明で簡潔な文体で一般読者向けに書かれたものであり、アダムズが『モン・サン・ミシェルとシャルトル』を執筆するころ十分入手可能なものであった。事実、マックス・アイザック・ベイムの労作『ヘンリー・アダムズのフランス教育』において明らかにされているように、アダムズの蔵書にはこの書が含まれており、しかもアダムズが読んだ形跡が見出されるという。(1)　また、『モン・サン・ミシェルとシャルトル』のなかでも、数箇所ガストン・パリスについての言及が見出されることもそれを裏付ける。

それればかりではない。アダムズが中世文学を論じる際の評価基準、方法論には、ガストン・パリスの影響が色濃く見出される。たとえば、パリスは『中世フランス文学』第二部の冒頭にある「宗教文学」と題された章の中で、ゴーチエ・ド・コワンシ（一一七七または一一七八―一二三六）の『聖母の奇蹟』（*Les Miracles de Nostre Dame*［一二一八頃―一二二七頃］）を、（聖母マリアの奇蹟を取り上げたフランスの集成のなかで）「あらゆる点で最も重要な集成」であり、「中世の幼児のような信心の最も独自な記念碑」であると絶賛している。(2)　アダムズも、このパリスの評言を引用しつつ、ゴーチエの『聖母の奇蹟』を絶賛している。内外のいくつかのフランス文学史を紐解いてみると、必ずしもゴーチエにたいする言及は十分なされているとは言えず、パリスのように、かなりのスペースを割いてゴーチエを絶賛する傾向は一般的ではない。アダムズがゴーチエ・ド・コワンシをかくも高く評価していた理由の一つに、パリスからの影響があるのではないかと推測される。『ロランの歌』（*La Chanson de Roland*）にかんするアプローチの仕方にも、ガストン・パリスの影響は明確に見出される。佐藤輝夫は、その浩瀚な比較文学的研究書『ローランの歌と平家物語』のなかで、ガストン・パリスが『ロランの歌』の成立過程において職業的歌手［吟遊詩人］（ジョングルール、jongleur）――とりわけ従軍兵士的なジョングルール――の重要性に注目した、と述べている。(3) まさしくアダムズも、パリス同様、タイユフェール（Taillefer）という従軍兵士的なジョングルールが『ロランの歌』の成立に欠かせない存在であることに注目している（このことは次節において詳しく述べるつもりである）。

さて、かくの如くガストン・パリスをアリアドネとして出来上がった、アダムズの中世文学論とはいかなるものなのだろうか。それについて、以下、詳しく考察してゆきたいと思う。考察のプロセスは、以下の通りである。

第二節では、「武勲詩」についてとりあげる。そこでは、アダムズの『ロランの歌』についての見解を紹介してゆきたい。

第三節では、「宮廷風恋愛物語（詩）」についてとりあげる。ここでは、クレチアン・ド・トロワ（Chrétien de Troyes［一一三五頃―一一九〇頃］）の宮廷風騎士道物語、そして牧歌風純愛物語『オーカッサンとニコレット』（*Aucassin et Nicolette*）(4)、『薔薇物語』（*Le Roman de la Rose*）についてのアダムズの記述を詳しくみてゆきたい。

第四節では、「宗教文学」をとりあげる。とくに、ゴーチエ・ド・コワンシの『聖母の奇蹟』についてのアダムズの「読み」を紹介する。ゴーチエ・ド・コワンシの作品について、ヴェルダン＝ルイ・ソーニエは、『中世フランス文学』（一九四三）のなかで「教化的物語文学」として分類しているが、(5)筆者は、ガストン・パリスにならって、「宗教文学」のうちに分類したい。また、ドミニック・ブーテの簡便な『中世フランス文学史』によると、『聖母の奇蹟』は「宗教文学」に分類されているので、(6)筆者もそれに倣いたい。

それでは、まずはじめに「武勲詩」について考察してみよう。

二　武勲詩

『モン・サン・ミシェルとシャルトル』の第二章は、フランスの武勲詩の最高傑作である『ロランの歌』をテーマとしている。このなかでアダムズは、『ロランの歌』の荘厳で重厚で雄勁な、単音節を主体とした叙事詩的スタイルについて言及している。そのことについて、筆者はすでに、ロマネスク建築の構造との横断的な考察を通して論じたので、ここではあらためて述べない。(7)ただ、これまで筆者は、アダムズの、『ロランの歌』のテクスト的側面にかんする「読み」にのみ注目して、そのパフォーマンス的側面にかんする「読み」についてはほとんど言及しなかった。しかしながら、『ロランの歌』は本来、書かれたものであるよりも第一に朗唱されたものであり、それは、『オデュッセイア』や『平家物語』など叙事詩文学一般にあてはまることである。当然、アダムズもそのことについて十分理解しており、実のところ、彼の『ロランの歌』の「読み」の半ばは、このパフォーマンス性に焦点が当てられており、『ロランの歌』の生成の瞬間にわれわれ読者を誘ってくれる。

アダムズは、『ロランの歌』を扱った章（"La Chanson de Roland"）の冒頭で、フランスの年代記作家ヴァース（Wace）の『ルー物語』（Le Roman de Rou［一一六〇―一一七四頃成立］）に言及する。これは、「ノルマン・コンクエスト」で名高いウィリアム公をふくむ歴代ノルマンディー公の年代記（もしくは歴史物語）である。筆者は、この作品の英訳（抄訳）を読んでみたが、ヴァースの筆致はじつに克明であり、人物たちの表情を間近に見るような、彼らの息づかいが聞こえてくるような臨場感あふれるものである。(8) このなかで、ウィリアム公、および、後に彼とイングランドの王位継承権をめぐって「天下分け目の決戦」（「ヘイスティングズの戦い（一〇六六）」）を行うことになるハロルドのことが語られている。ウィリアム公が、ノルマンディーに漂着して囚われの身になったハロルドを救出し、手厚くもてなし、軍馬と武器を与え、己の戦にも随行させたことが書かれている。アダムズは、このヴァースの記述に、ウィリアム公のイングランド征服にいたる物語をあらわしたことで広く知られる「バイユーのタペストリ」に描かれている図像と詞書を組み合わせて、彼なりの歴史的ヴィジョンを描き出す。このタペストリには、一〇五八年、ウィリアム公とハロルドが共にモン・サン・ミシェル山下の砂州にやってくる場面が描かれている。そして図像の詞書に、「彼らは山に登った」と書かれている。

ここからはアダムズの探偵さながらの推理が光る。戦の最中にあるウィリアム公とハロルドが山に登って、守護聖人ミカエルに祈りを捧げなかったはずはない、と推理するのである。確かに、山に登っただけで帰ると考えるほうが不自然であろう。戦に出向く軍人たちが、聖ミカエルのような力強い戦闘的な守護聖人を心の支えとし、祈りを捧げることで、士気を高めたであろうことは大いに想像されることである。

　しかし、さらにアダムズの想像力は飛翔する。『モン・サン・ミシェルとシャルトル』を文化史として、かつ文学作品として多角的に読み解いたエイブラハムソン・ベイリーは、アダムズの歴史記述の方法を「想像的（想像力に富んだ）手法」（imaginative technique）と命名したが[9]、まさしくここでは、アダムズの「想像的手法」が自由自在に駆使される。アダムズは、ちょうどこの頃つくられた「僧院大食堂」にウィリアム公とハロルドの二人がやってきて、夕食をとり、そこでジョングルールのかなでる『ロランの歌』を聞くというヴィジョンを描く。一見、唐突な空想に過ぎないようであるが、これが単なる空想ではないということを示すため、少しジョングルールについて、また、それと関連したアダムズの「想像的手法」についてあらかじめ述べておこう。

　十二世紀に、北仏のトルヴェール、南仏のトルバドゥールが宮廷で抒情詩を吟じたことは、あまりにもよく知られているが、十一世紀には、ジョングルールという歌い手が、とくに武勲詩を、騎士や巡礼などの前で吟じ[10]、武勲詩の伝承・発展の担い手となっていた。ウィリアム公もその例に漏れず、タイユフェールという名の専属のジョングルールを擁していた。アダムズ自身も述べているように、タイユフェールはウィリアム公のあらゆる行き先に随行したという。ヴァースは、『ルー物語』のクライマックスである「ヘイスティングズの戦い」にタイユフェールを登場させる。そこでは、タイユフェールは声高に、『ロランの歌』を――シャルルマーニュ、ロラン、オリヴィエについて――うたい、主君であるウィリアム公のこれまでの恩に報いるべく、先鋒として戦場に赴くことを願い出る。それに対してウィリアム公は許可を与える。ここまでは、アダムズも引用しているが、その先が実に迫力ある描写となっている。そこでは、槍を手にしたタイユフェールが敵陣に単身乗り込み、敵のひとりを槍で刺し貫き、すかさずもうひとりの敵に剣で斬りかかり、相手を挑発しつつ、もう一太刀あびせる。すると、敵であるイングランド人が彼を包囲し、押し寄せてくる。その時である。彼の勇壮なふるまいをみて鼓舞された両軍は鬨の声をあげ、激しくぶつかり合うのだ。

タイユフェールが「ヘイスティングズの戦い」で、『ロランの歌』を高らかにうたいあげたということは、様々な史書が語っているそうである。[11] また、よく知られたものとしては、ヒレア・ベロックの『ウィリアム征服王の生涯』において、ヴァースの記述にもとづいてタイユフェールの武勲赫々たる有様が活写されている。[12] しかし、それが史実であるかどうかは確かではない。ロバート・トマス・ラムディンとローラ・クーナー・ラムディンが編集した『中世文学百科』[13] の「タイユフェール」の項には、次のように記されている。タイユフェールが戦の中で『ロランの歌』を朗唱したと言われているが、それが『ロランの歌』そのものであったのか、同じ伝説の別のバージョンだったのかは明確でない、と。実証的な史学の観点から言えば、アダムズの見解はやや根拠に欠けると言える。また文献学的な観点からいっても問題がある。「ヘイスティングズの戦い」は一〇六六年であるが、『ロランの歌』の成立年代は、パリスの弟子であるジョゼフ・ベディエが「第一回十字軍」の頃（一〇九五―九九）であるとしたように、[14]「ヘイスティングズの戦い」よりも後と考えるのが妥当である。先に取り上げた『中世文学百科』においても、諸説紛々として確定はされていないとしながらも、十一世紀の終わり数年に成立したと考えられると記されている。もちろん、『ロランの歌』はもともと吟唱されたものであり、徐々に成立したものであるから、「ヘイスティングズの戦い」の頃に原型ができあがっていたと考えることもでき、それをタイユフェールが吟唱していたとも考えられなくはないが、文献学的には妥当性に欠ける。

しかし、先ほども述べたように、アダムズの手法とは、「想像的手法」と呼んでよいものであり、この手法ゆえに、『モン・サン・ミシェルとシャルトル』という作品は、散文詩のような美しい物語文学となり得ている。教会を記述する場合でも、物理的な建築の姿が、「マリアの宮殿」という幻想的な姿と重なり合って詩的なヴィジョンを形成するにいたることは、これまでの論考で繰り返し述べてきたところである。[15] アダムズ自身、批評家たちの反論を予期してか、アポロギアのように、ヴァースの物語的記述の弁護を通して自己の「想像的手法」を擁護している。以下のように。

もちろん批評家らは、すべてを疑うのが彼らの職業にふさわしいことであるため、この物語を疑っている。彼らは、『ロランの歌』はヘイスティングズの戦いほど古くはないと主張する。たしかにヴァースは十分な証拠を示していない。しかしながら、詩はたいてい事実を証明するために書かれたものではないのだ。[16]

さて、ここで先ほど言及した、「僧院大食堂」における、ウィリアム公とハロルド、ジョングルールであるタイユフェールにかんする記述に戻ろう。こうした場面は、ヴァースの年代記、あるいは「バイユーのタペストリ」に増して、想像世界の産物である。この記述は、ヴァースの記述をもとにして、そこにアダムズの推理を加えたものであり、実証的見地からすれば単なる空想である。しかしながら、アダムズがこうしたヴィジョンを提示したのはなぜか。それは、単なる史実の記述では到底伝わらない、『ロランの歌』という武勲詩のパフォーマンス性、そして、それが内包する時代精神、社会的雰囲気を、より克明に、生きたままの姿で読者に伝えようとするからである。詩が朗唱され受容されつつ成立していった生成の現場に読者を誘っているのだ。このことは、アダムズの教会建築の記述においても明白に見出される。教会建築をただ記述するのではなく、巡礼の視点の現在性によって、想像力による中世の人々との視点の共有によって、「生きられた空間」を現出させ、そこに中世の人々の感性をあざやかに浮かびあがらせることに成功している。

このような手法によって、たとえ史実はゆがめられているとはいえ、中世人の「真実」がよりよく照射されるのだ。たとえば、「僧院大食堂」におけるタイユフェールの『ロランの歌』の吟唱に聞き入るウィリアム公とハロルドの様子を、想像を交えながら描き出すことで、十一世紀における『ロランの歌』の意味合いを、「象徴的」に描き出そうとしている。そして、「ノルマン・コンクエスト」を経て、さらにはヨーロッパ全土をまきこむ十字軍へといたる十一世紀の「時代精神」を、「象徴的」に浮かびあがらせようとしている。

その時代精神とは何か？　それは、「戦闘的精神」であり、「勇敢さ、忠誠心、威厳にみちた精神」の賞揚であり、極端なまでの「単純素朴さ、真面目さ」である。(17) 十一世紀のこうした時代精神の「代表的」人物として、ウィリアム公やハロルド、そして武人ではないタイユフェールすらも選びとられたのであり、彼らの行動が史実であるかどうかということは、アダムズにとって第二義的な問題なのである。このような時代精神に突き動かされて、『ロランの歌』は成立していったのであり、また、人々はその時代精神を共有しつつ、詩と一体化していたという生成の現場をアダムズは示したかったのだ。それゆえ、ウィリアム公やハロルドにとって、『ロランの歌』は、文学作品としてのみ享受すべき、遠い過去の素材を扱った叙事詩ではなく、まさに今起こりつつある現実、やがては「ヘイスティングズの戦い」、そしてその先には十字軍へと向かう現実の歴史であり、「生きられた時間」であり、「生きられた空間」なのである。

タイユフェールが戦いの場面を物語る箇所にたどりついたとき、それを理解するのに想像力をもちいる必要はなかった。戦いの場面は、昨日の、明日の、現実の出来事だったからだ。(18)

『ロランの歌』は、十一世紀の中世人にとって、単なるテクストではなく、身体全体で感じ取り、それも苦痛や悲しみとともに受容する、現実の出来事だったのだ。それゆえに、戦場でジョングルールが『ロランの歌』を吟唱し、戦闘を開始することも十分あり得たことである。戦闘が『ロランの歌』を生み出したばかりか、『ロランの歌』が戦闘を生み出したのである。

アダムズは、想像世界の中で、ロランが、そしてオリヴィエが最期の時を迎える場面（そうした場面はタイユフェールの言葉だけでなく迫真の演技で表現されたのだが）を、いかにウィリアム公らが、作品の人物とほとんど同じような感覚を抱いて、全身全霊で感じ取っているかを描き出すことで、読者に『ロランの歌』の強力な「精神的磁場」を体感させることに成功している。アダムズの「詩」とは、こうした「精神的磁場」の「象徴」であるといえよう。

三　宮廷風恋愛物語（詩）

ガストン・パリスは『中世フランス文学』のなかで、クレチアン・ド・トロワについて（とくに『ランスロ、または車上の騎士』［*Lancelot ou le Chevalier de la Charrette*］［一一七〇年代後半から八〇年代はじめに成立］と『ペルスヴァル』［*Perceval*］［一一八〇年代前半に成立］について）詳しく解説している。アングロ・ノルマン起源の主題が変容を繰り返した後、フランスの「宮廷風恋愛」の主題、理念とむすびつき、その傾向が『ランスロ』において完全なものとなったこと。さらに、『ペルスヴァル』においてあらわれた「聖杯探求」のテーマが、そののち深化・発展を遂げてゆくことがわかりやすくコンパクトに記されている。[19]

これは、今から見るとごく一般的な正当な記述のように思える。たとえば、田村毅・塩川徹也編『フランス文学史』のなかで、クレチアン・ド・トロワについて以下のように記されている。

トルバドゥールのもたらしたフィン・アモールの理念と騎士の冒険の物語とを結びつけたのは、中世最大の物語作者クレチアン・ド・トロワであった。新しい恋愛観をもって意中の婦人に仕える騎士が、ケルトの説話風の不思議にみちた魔法の森の冒険をくぐりぬけ、人間的にも格段の成長をとげた後で、輝かしい武勲とともに宮廷に戻って彼女の好意に浴する——というのが、クレチアンの創始した騎士道恋愛物語（ロマン・クルトワ）と呼ばれるこのジャンルの基本的な構造である。[20]

しかしながら、アダムズが『モン・サン・ミシェルとシャルトル』を執筆していた二十世紀初頭においては、いまだ、ドニ・ド・ルージュモンの『愛と西欧』（一九三九）やホイジンガの『中世の秋』（一九一九）も出版されていなかった頃なので、「宮廷風恋愛」の研究自体が先駆的なものとみなされていた時代であった。それゆえ、アダムズが「宮廷風恋愛」を核に据えて、確信を持って中世文学を論じている際、ガストン・パリスの『中世フランス文学』が座右の書であったことは大いに想像できる。

実際、アダムズが、『ロランの歌』等の武勲詩と比較しつつ、クレチアン・ド・トロワの世界を要約している以下の文章には、ガストン・パリスの名前が出てくる。

クレチアンは、十一世紀の壮大な様式を有してはいない。また、決して『ロランの歌』や『ラウル・ド・カンブレー』の男性的な力強さを思い起こさせることはない。彼のもっとも魅力的な物語である『エレックとエニード』も、主として宮廷の慇懃な行いにかんする道徳や教訓を伝えるものだ。ガストン・パリス氏は以下のように述べている。クレチアンの作品は、桂冠詩人の作品であり、十二世紀の宮廷とフランス語の華、素晴らしい言語芸術の最良の例であり、しかしながら抒情的でなく、強くも深くもなく、深く感じとれるものでもない、と。クレチアンの世界では、いわゆる悲劇は存在しない。彼の世界は、青空のようで、バラ色で、暖かさを感じるのに十分な赤味がさしている。それはあまりにも光に満ちあふれているので、その神秘すら、明瞭に示されることによってのみ重要性を帯びるのである。[21]

正鵠を射たみごとな要約である。『ランスロ』にしろ『ペルスヴァル』にせよ、一度でもクレチアン・ド・トロワの作品を読んだことのある者は、色彩鮮やかな、光あふれる世界を覚えているであろう。ガストン・パリスの「桂冠詩人のようだ」という評言と呼応するように、アダムズのクレチアン・ド・トロワ評はじつに適切である。またアダムズは、この引用のすこしあとで、ペルスヴァルが漁夫王の城で血のしたたる槍と聖杯を目撃する、あまりにも有名な箇所を引用しているが、その光と色の魔術的世界は、まさにアダムズ、そしてパリスの評を思い起こさせる。詩人であり中世文学研究者である天沢退二郎の訳で、以下に引用してみよう。

そのとき、また別の二人の小姓が入ってきた。手にはそれぞれ、純金で、黒金象眼を施した燭台を捧げていた。この、燭台を持ってきた若者たちは、大変に美しかった。それぞれの燭台には少くとも十本ずつの蠟燭が燃えていた。

両手で一個のグラアルを、ひとりの乙女が捧げ持ち、いまの小姓たちといっしょに入ってきたが、この乙女は美しく、気品があり、優雅に身を装っていた。彼女が、広間の中へ、グラアルを捧げ持って入ってきたとき、じつに大変な明るさがもたらされたので、数々の蠟燭の灯もちょうど、太陽か月が昇るときの星のように、明るさを失ったほどである。

その乙女のあとから、またひとり、銀の肉切台を持ってやってきた。前を行くグラアルは、純粋な黄金でできていた。そして高価な宝石が、グラアルにたくさん、さまざまに嵌めこまれていたが、それらはおよそ海や陸にある中で、最も立派で最も貴重なものばかりだった。まちがいなく、他のどんな宝石をも、このグラアルの石は凌駕していた[22]。

このように、アダムズはガストン・パリスと歩調をあわせるかのように、「宮廷風恋愛文学」の世界に分け入ってゆく。そしてアダムズは、パリスと同じく「宮廷風恋愛詩」とクレチアン・ド・トロワの作品を並べて「宮廷風恋愛文学」の系譜に位置付けつつ、さらに「宮廷風恋愛文学」の系譜をひろげてゆく。

たとえば、『オーカッサンとニコレット』。オーカッサンは、城攻めにあっている国の城主であるボーケール伯爵の息子であるが、恋人ニコレットを愛するあまり、軍務に服そうとはしない。「愛」だけを価値あるものとし、一向出陣しない息子に業を煮やした伯爵は、配下の者にニコレットを幽閉し、殺させようとする。オーカッサンはニコレットとの接吻を許してくれれば戦地に赴くと父に願い出ると、父はそれを受け入れる。すると、ニコレットは武勲詩の英雄さながら、敵を一瞬にして撃退し勝利する。ところが、父は約束を破り、ニコレットを解放しない。それに対しニコレットは、親切な夜番に助けられてひとり城の外に脱出し、森へ逃げ込む。オーカッサンは、ニコレットを追い求め、森の中に入ってゆき、最後にはニコレットを小屋のなかで見出し結ばれる。

プロットは実に単純であり、形式としては、物語の部分と歌の部分が交互に展開する構造となっている。アダムズは、「愛の至上性」にもとづいてドラマが展開するこの恋愛物語を、「宮廷風恋愛文学」の系譜に位置付けている。とりわけ、森の中で、田舎者の粗野を描くことにより、対照的に、「まことの恋人（true lover）」＝オーカッサンの「宮廷風の優雅さ」を強調する作品であるとしている。[23]

アダムズの系譜はさらにひろがる。『薔薇物語』のギョーム・ド・ロリス（Guillaume de Lorris, 生没年不詳）によって書かれた前篇（一二二五―四〇の間に成立）を、「宮廷風恋愛文学」だと断言している。多くの文学史で述べられているように、『薔薇物語』は、オウィディウスにはじまる「愛の技法」のテーマが示されている作品である。「壁に囲まれた庭園」はアルカディアさながらの美しいものであり、バラのごとく色鮮やかさにみちている。そのなかで、モーセの十戒ならぬ「愛の十戒」が示され、そのルールに基づいて「薔薇」（＝それが象徴している乙女）との愛を成就しようとして、挫折するというのが前篇のあらましである。たしかに、ここでは、抽象的なアレゴリカルな表現によって（観念をつうじて）、「宮廷風恋愛」の儀礼的な（騎士道的な）女性崇拝、あるいは恋愛の技法、精神的段階（プロセス）が暗示的にしめされている。また、愛の成就の至福を想像しつつ、期待と挫折の繰り返しに苦しみ、その苦しみに耐え忍んでいる恋人というパターンは、「宮廷風恋愛詩」によくあるものである。アダムズが、ギョーム・ド・ロリス作『薔薇物語』前篇を「宮廷風恋愛の短いアレゴリー」（a short allegory of Courteous Love）[24]としたのは、より作品の内実にそくしたジャンル分けと考えられるだろう。

アダムズは、こうした「宮廷風恋愛文学」の系譜の終焉についても記述している。たとえば、市民によって発展した町人文学、それも「世俗劇」のジャンル。そこでは、「宮廷風恋愛」は肯定的にえがかれず、むしろ、風刺的に描かれる。『ロバンとマリオン』（*Le Jeu de Robin et Marion*［一二八五年頃〕）では、「愛の至上性」はテーマとしては描かれているが、バーレスク的に、パロディーとして描かれる。この劇に出てくる騎士は、徹底的に揶揄の対象となっている。また、ロバンも「愛の至上性」に生きているとはいえ、実に頼りない、意志薄弱な男として描かれている。劇の構造も、「宮廷風恋愛」のテーマ的一貫性がない。前半は、「愛」をテーマとして物語が進行するが、作品の後半部分は、そのテーマを追求するよりも、「遊びと踊り」に終始している。そこでは、形式にとらわれた「騎士道的な愛」は描かれず、自由で解放的な、民衆的な喜びが高らかに歌い上げられている。

あるいは、ジャン・ド・マン（Jean de Meung〔一二三五から四〇頃―一三〇五〕）の手になる『薔薇物語』の後編（一二六九―七八の間に成立）。『薔薇物語』前編が、「宮廷風恋愛」を中心的テーマとする物語であるのに対し、後編では、「宮廷風恋愛」のテーマは影をひそめ、風刺の対象となっている。このようなコントラストについては、田村毅・塩川徹也編『フランス文学史』に、たいへん明解に記されている。

ただ、時代的な変化であろう、ジャン・ド・マンにはもはやこれを宮廷風恋愛の物語に仕立てあげる意図はなかった。かわりに威力を発揮するのが生殖をつかさどる「ゲニウス」であることから明らかなように、フィン・アモールの作法も自然の理法である生殖の欲望の前には屈するという寓意がこめられるにいたった。(25)

アダムズも、前編と後編のコントラストについて、以下のように述べている。

ギョーム・ド・ロリスの死とジャン・ド・マンの出現のあいだ、わずか半世紀の間に(一二五〇—一三〇〇)、「女性」と「バラ」は破綻し、崩壊した。風刺が崇拝に取ってかわったのだ。(26)

この引用文でアダムズが語っていることは明白であろう。それは、「宮廷風恋愛文学」の系譜の終焉である。

四 宗教文学

ヴェルダン＝ルイ・ソーニエは、『中世フランス文学』のなかで、「聖母の奇蹟」を扱った文学について、次のように解説している。

聖母マリアの仲介によって生じた奇蹟を物語る小話のラテン語本が十一世紀から十二世紀に編纂され(たとえばユーグ・ファルシのもの)、十三世紀にフランス語に翻案される。ジャン・ル・マルシャン、エヴラール・ド・ガトレー、アドガールの小話集がそれである。その最も重要なものは、サン＝メダール＝レス＝ソワッソン小修道院長ゴーチエ・ド・コワンシのものである。この八十篇にものぼる『聖母の奇蹟』では、不退転の独断論の構想のもとに、愛すべき説話があらゆる修辞法を駆使して物語られる。同じ主題による孤立した説話のなかでは『ノートル＝ダムの軽業師』が知られている。これらすべての小話は一つの偉大な思想を明らかにする。すなわち、旅芸人、貧しい者、盗人からすべての卑賤の人びとはいうに及ばず罪人に至るまでも聖母マリアに帰依するだけで救われるのである。[27]十二世紀に盛んになった「マリア崇拝」を背景にして、十三世紀にはフランスで「聖母の奇蹟」をテーマとする宗教文学が花開く。そのなかでも、特に優れているのがゴーチエ・ド・コワンシの集成した『聖母の奇蹟』である。ガストン・パリスをはじめ、多くの文学史家が、「聖母の奇蹟」のテーマを扱った作品のなかでも、彼の作品を最も高く評価しており、アダムズもその例外ではない。アダムズは、ゴーチエ・ド・コワンシについての記述をはじめるにあたって、ガストン・パリスの『中世フランス文学史』の文章を引用している。[28] そのなかでは、以下のような「聖母の奇蹟」が紹介されている。

・病気になった修道士の前に聖母マリアがあらわれ、乳を吸うよう促した。乳を吸った修道士の病は癒えた。
・盗みをはたらく際はいつでも聖母マリアに祈っていた盗人が捕まり、絞首刑に処せられた時、聖母は、男を三日間白い手で支えていた。この奇蹟が明らかになると、男は罪をゆるされた。
・「アヴェマリア」しか知らない修道士は、生前馬鹿にされていたが、死んだとき彼の口から“Maria”の五文字をしめす五本のバラの花が咲いた。
・修道院を飛び出し罪深い人生をおくった尼僧が、修道院にもどってみると、彼女がいなくなっていた間も、聖母マリアが彼女になりかわって務めを果たしていたため、誰ひとりとして彼女がいなくなったことに気づいていなかった。

ゴーチエ・ド・コワンシは、こうした物語すべてを、全くオリジナルに創作したのではない。彼の時代には、すでに、様々な「聖母の奇蹟」にまつわる物語が記され、流布していた。また、「聖母の奇蹟」にかんする伝説がすでに人々のあいだで語り伝えられていた。それを、ゴーチエは集成し、再構成し、彼なりの解釈、イメージをそこに付与したのである。たとえば、先ほどあげた、「バラの花が口から咲いた」という奇蹟。愚かで堕落した者が、死んだあと、聖母マリアに対する信仰ゆえに救済され、そのしるしとして、口から花が咲くという物語のプロットは、先行するいくつかの「聖母の奇蹟」の物語のプロットとほとんど同一である。しかし、ゴーチエは、その花をあえて「バラの花」という風に改作することによって、「聖母マリア」の存在をいっそう際立たせている（バラは聖母マリアの象徴である）。このような、「聖母の奇蹟」にかんする同一の物語、テーマの歴史的変遷、とりわけゴーチエによる改作の詳細については、すでにキャシー・クラウゼ、アリソン・ストーンズ編『ゴーチエ・ド・コワンシ』(29)、ジャン・ルイ・ブノワの『ゴーチエ・ド・コワンシの「聖母の奇蹟」における文学芸術』(30)において述べられているので、ここでは改めて述べない。また、本論考の主眼は、アダムズのゴーチエ・ド・コワンシにかんする「読み」であり、ゴーチエの物語の起源について詳述することは、議論を大幅に逸脱するので、ここでは省略する。

これら物語はみな、だれしも聖母マリアに帰依さえすれば救われるという「一つの偉大な思想」をかたっている。アダムズも、ゴーチエの『聖母の奇蹟』を紹介する文章の中で、この「一つの偉大な思想」を繰り返し力説している。たとえば、つぎのように。

人間たちはすべて罪びとであった。しかし、彼らの罪には少なくとも長所があった。彼らは自分たちが何者であるかを知っていたし、子供のように保護、許し、愛を求めていた。聖人のみが聖別されたのち安全でいられた。その他すべての人々は罪びとであり、罪の程度はほとんど変わらなかったので、マリアの目の前では、憐れみと救済の対象であった[31]。

アダムズは、「一つの偉大な思想」をより明らかにするために、パリス同様、ゴーチエの『聖母の奇蹟』からいくつかの物語を、引用を交えながらかなり詳しく説明している。アダムズが紹介している物語のなかのいくつかを、以下に箇条書きに記してみたい。

(1)　ある司教が堕落した司祭から聖職を剥奪した。しかしその司祭は聖母マリアを崇拝していたため、聖母が介入し、司祭を復職させるように命じた。すると司祭は元の身分にもどされた。

(2)　シャルトルで、性悪、無礼、傲慢な役たたずの聖職者が死ぬと、仲間は遺体を溝に投げ捨てた。しかし、この聖職者は聖母マリアのことだけは崇拝していた。すると、聖母が怒りに満ちて現われ、この聖職者を溝から出して最高の墓に葬れと命じたため、そのようにあつかわれた。

(3)　ある騎士が試合に出掛ける途中、教会のミサに参加したため、試合に間にあわなかった。しかしながら、彼は誰からも勝利者としてたたえられた。実のところは、聖母マリアがその騎士になりかわって試合に出て、勝利を収めたとのことであった。騎士はそのことを知ると、即座に騎士としての人生に別れを告げ、聖母マリアにつかえようと修道院に入った。

(4) ある司祭が、裕福な金貸しの男と貧乏な老婆の臨終の席に呼ばれた。この司祭は金持ちの方は金銭的見返りがあると判断して、貧乏人の方は無視した。それを憐れんで、ある若い助祭が老婆の死を看取ろうとしていると、あたりはまばゆい光に満ち、聖母マリアと乙女たちがあらわれた。そして老婆を告解させ、天国に導いていった。

アダムズはこうした「聖母の奇蹟」を紹介した後、以下のように述べている。

マリアは憐れみの母であり、絶望にとって唯一の希望であった。[32]

このような、祈り、あるいは叫びに近い表現で「聖母の奇蹟」について語るアダムズは、単に、「一つの偉大な思想」を語っているだけではない。単なる論の対象として語っているのではない。彼が、「聖母の奇蹟」をとおして語っているのは、彼自身の「心情・信念」である。アダムズは、『モン・サン・ミシェルとシャルトル』のみならず、『ヘンリー・アダムズの教育』においても、彼自身の聖母マリアに対する讃歌、マリアとかさねあわせるようにした女性崇拝を明確にしているが、[33]こうしたアダムズの「心情・信念」は、「聖母の奇蹟」の記述の部分にもっともよくあらわれている。また、このような「マリア崇拝」が、アダムズの絶望や不安を克服する上でどれだけ大きな意味を持っていたかは、すでに詳しく述べたので、ここではあらためて述べない。[34]

おわりに

以上、『モン・サン・ミシェルとシャルトル』における、ヘンリー・アダムズの「中世文学史」について述べてきた。が、主だった作品のみをメルクマールのように取り上げたにとどまり、アダムズがほんのわずか言及するにとどめている作品については、ほとんど取り上げてこなかった。たとえば、『聖王ルイ』などの歴史書、『ファブリオ』などの写実的散文物語、『アダム劇』のような演劇作品、などである。『モン・サン・ミシェルとシャルトル』という書物は、微視的に見るほど、その細部の魅力が万華鏡のように花ひらいてゆくという密度の濃い書物であり、それらすべてを微細に追ってゆくというのは、私の能力に余ることであり、また、このような小論では紙数に限りがあり不可能なことである。そのような細部にわたった議論は、別の機会に譲りたい。とりあえず、アダムズの「中世文学論」それ自体を描き出すという当初の目標を終えた所で、筆を擱きたいとおもう。

注

（1）Max Isaac Baym, *The French Education of Henry Adams* (Columbia University Press, 1951), p. 108, p. 299.
（2）Gaston Paris, *La littérature française au Moyen Âge*, 5e éd, Paris : Hachette, 1914, p. 226.
（3）佐藤輝夫『ローランの歌と平家物語』前篇（中央公論社、一九七三年）、四八—四九頁。

（4）河盛好蔵・大島利治・市川慎一・円子千代・島利雄著『プレシフランス文学史』（駿河台出版社、一九九七年）において、『オーカッサンとニコレット』は「牧歌風純愛物語」として分類されており、筆者もこれに従った。

（5）ヴェルダン＝ルイ・ソーニエ『中世フランス文学』（神沢栄三・高田勇訳、白水社、一九九〇年）、六九頁。

（6）Dominique Boutet, *Histoire de la littérature française du Moyen Âge*, Paris, Honoré Champion, 2003, pp.100–101.

（7）本書の第一部、第二章。

（8）Wace, *Master Wace, his Chronicle of the Norman Conquest from the Roman de Rou*, translated by Edgar Taylor（New York : AMS Press, 1975).

（9）Abrahamson Bailey, *Henry Adams and Medieval Culture:"Mont-Saint-Michel and Chartres" as History, Literature, and Philosophy*（A Bell & Howell Company, 1998）,p. 39.

（10）原野昇は「シャンソン・ド・ジェスト」（原野昇編『フランス中世文学を学ぶ人のために』〔世界思想社、二〇〇七年〕所収）の中で、以下のように記している。
「シャンソン（歌）とあるように、シャンソン・ド・ジェストは聴衆を前にして、口頭で歌われたものである。城内で騎士たちを相手に、巡礼路沿いの宿で巡礼者たちを相手に、教会前の広場で教会に来た人たちに、市場で市に来た人たちに、ジョングルールと呼ばれる人たちが歌って聞かせた。」（二二頁）

（11）William W. Kibler and Leslie Zarker Morgan ed., *Approaches to Teaching the Song of Roland*（New York : The Modern Language Association of America, 2006）,p. 22.

（12）ヒレア・ベロック『ウィリアム征服王の生涯』（篠原勇次、デイヴィッド・ブラッドリー訳、叢文社、二〇〇八年）、一〇六頁。

（13）Robert Thomas Lambdin and Laura Cooner Lambdin ed., *Encyclopedia of Medieval Literature*（Chicago :

Fitzroy Dearborn Publishers, 2000).
(14) 佐藤輝夫『叙事詩と説話文学』(早稲田大学出版部、一九八五年)、九〇―九一頁。
(15) 本書の第三部、第一章および第二章。
(16) Henry Adams, *Mont Saint Michel and Chartres* (Penguin Books, 1986), p. 24.
(17) *Mont Saint Michel and Chartres*, pp.7–34.
(18) *Ibid.*, p. 27.
(19) Gaston Paris, *La littérature française au Moyen Âge*, pp. 102–111.
(20) 田村毅・塩川徹也編『フランス文学史』(東京大学出版会、一九九五年)、一八頁。また、宮廷風恋愛に特徴的な「フィン・アモール」については、この書に以下のような説明がある。「トルバドゥールの歌う恋は、満たされなければ憎しみに転じるような、理性を燃えつくす情念のことではない。むしろ意中の婦人への欲望は宙づりのままにとどめるべきなのであって、その煩悶と焦燥を心ゆくまで耐え、極限まで増幅された動揺を思うさま味わい、そうすることによって精神をはるかな高みに躍動させなくてはならない。トルバドゥールはこの精神の高揚を喜びと捉え、フィン・アモール(まことの愛)と讃える。」(一二頁)
あるいは、「宮廷風恋愛」の研究書の最高峰とされるモーリス・ヴァレンシーの以下のような説明も、参考になるだろう。「……『まことの愛』の基本は奉仕だった。『まことの恋人』(fin aman)は征服と支配を求めるのでなく、奉仕と崇拝を望んだ。この崇拝はそれ自体で喜びだったが、愛の究極の喜びではなかった。真心をつくした奉仕の究極の見返りとして、恋人は褒賞を、報酬を受け取ることを期待した。とはいえ、概して『まことの恋人』が愛する婦人に期待したのは、つかの間の肉体的欲望の充足ではなく、とこしえの至福だった。彼はおのが貴婦人に、満足ではなく至福を授けてくれるよう願ったのである。」(『恋愛礼賛』[沓掛良彦・川端康雄訳、法政大学出版局、一九九五年]、三四―三五頁)。

(21) *Mont Saint Michel and Chartres* (Penguin Books), p. 202.
(22) 『フランス中世文学集2』(白水社、一九九一年)、二〇二—二〇三頁。
(23) *Mont Saint Michel and Chartres*, p. 223.
(24) *Mont Saint Michel and Chartres*, p. 233.
(25) 田村毅・塩川徹也編『フランス文学史』、二五頁。
(26) *Mont Saint Michel and Chartres* (Penguin Books), pp.235-236.
(27) 『中世フランス文学』、六九—七〇頁。
(28) *Mont Saint Michel and Chartres*, p. 244. *La littérature française au Moyen Âge*, pp. 226-227.
(29) Kathy M. Krause and Alison Stones ed., *Gautier de Coinci : Miracles, Music, and Manuscripts* (Brepols Publishers, 2006).
(30) Jean-Louis Benoit, *L'art littéraire dans Les Miracles de Nostre Dame de Gautier de Coinci*, Atelier National de Reproduction des Theses, 1992. pp. 217-236.
(31) *Mont Saint Michel and Chartres* (Penguin Books), pp. 247-248.
(32) *Ibid.*, p.264.
(33) たとえば、『ヘンリー・アダムズの教育』の第二五章「ダイナモと聖母」。
(34) 第三部、第一章を参照のこと。

＊本章は、拙論「ヘンリー・アダムズの中世文学史——『モン・サン・ミシェルとシャルトル』再考」(『人文研紀要』第七四号、中央大学人文科学研究所、二〇一二年九月、所収)をもとにして書かれたものである。
なお、本章における『モン・サン・ミシェルとシャルトル』からの引用の訳文は、野島秀勝氏の訳業を参考にさせていただいた。

第四章　『ヘンリー・アダムズの教育』エピローグ——晩年の一〇年間

『ヘンリー・アダムズの教育』の最終章で、アダムズは以下のように語った。

そこですべては終った！　シェイクスピア自身も、表現不可能なことを表現するのに平凡な文句を用いるしかなかった。「あとは沈黙！」

さらに続けてアダムズは、自らの「教育」が終了したと明言している。確かに、『ヘンリー・アダムズの教育』を私家版（一九〇七年）で出した後のアダムズは、「あとは沈黙！」という言葉にならい、新たな書物を執筆することはなく、二篇の論文を私的に印刷した以外は、かたくなに沈黙を守った。

本当に「すべては終った」のだろうか。アダムズの「教育」は終了したのだろうか。

ここで、『ヘンリー・アダムズの教育』（一九一八年版）に付された「編者のはしがき」に記された言葉を思い起こそう。そこでは、『ヘンリー・アダムズの教育』が「未完」であると明言されている。編者はヘンリー・キャボット・ロッジであるが、実のところ、この「はしがき」は、一九一六年（すなわち『ヘンリー・アダムズの教育』の執筆の約一〇年後）にアダムズ本人が書いたものである。[1]

一九一六年におけるアダムズ自身の言う通り、彼の「教育」は、『ヘンリー・アダムズの教育』の最終章で完結することはなかった。それは、アダムズの八〇年の生涯の終わりまで絶えることなく続いてゆく。晩年の一〇年間の「教育」は、それまでの「教育」に劣らず、いやそれにも増して重要性と現代性と予言性にみちたものなのである。

本章は、この「書かれなかった」晩年の一〇年間のアダムズの「教育」を復元し、再構築しようとする試みである。が、晩年のアダムズの「教育」すべてにわたって網羅的に記述することは紙数に限りがあり、この小論では不可能である。それゆえ、便宜上、二つの主要な「教育」に焦点を当てて、論述をすすめてゆきたい。二つの「教育」とは、以下の通りである。

(1)フェーズとエントロピー

(2)中世研究（とりわけ十二世紀）

以下の二つの節では、これら二つの「教育」について、それぞれ詳しく検討するつもりである。

一　フェーズとエントロピー

アダムズという「横断」的知性の思想的冒険は、『ヘンリー・アダムズの教育』の最終章で終わることはない。それは、晩年にいたってますます広がりと深まりを増してゆく。アダムズは、同時代の科学へと「横断」することにより、新しい時代の現実に合った新しいモデルをつくり出すという知的組換え作業をさらに続けてゆくのだ。

その第一が「フェーズの法則」（相律、phase rule）である。フェーズの法則は、イェール大学の数理物理学者であるギブズ（Josiah Willard Gibbs, 一八三九―一九〇三）が最初に提示したものである（それは、「不均一物質の平衡について」という論文その他に発表された）。フェーズとは、すでに述べたように、固体、液体、気体かによって物質は「固相」、「液相」、「気相」という三つの名で呼ばれるということである。「均一系」（homogeneous system）の物質は、どの部分においても性質が同じであるが、状況の変化によって性質が変化し境界面をもつような物質（系）は、「不均一系」（heterogeneous system）と呼ばれる。このような「不均一系」物質で、境界面によって明らかに区別される部分を「相」（phase）と呼ぶのである。

「フェーズの法則」を含む論文は、ギブズが発表した時点では、その難解さゆえに多くの人に理解されることはなかった。十九世紀の末（一八九二年）になって、ようやく人々にみとめられるようになる。それは、ドイツの物理化学者オストヴァルトが、ギブズの一連の論文のドイツ語訳を出版したのちのことである。

アダムズは、「歴史に応用されたフェーズの法則」（一九〇九）という論文のなかで、ギブズの「フェーズの法則」にいちはやく注目している。そして、「フェーズの法則」と、「歴史」（とりわけ思想史）のあいだを横断している。そこでアダムズは、物質が「相」から「相」に移行するときに臨界点（critical point）があるように、人間の歴史、思想史にも、「相」から「相」への移行、臨界点が存在すると述べる。そしてアダムズは、歴史のそれぞれの「相」の内部においては変化はほとんど生じないが、「相」と「相」の間においては、氷が水になるのと同じくらい急激な変化が起こると述べている。彼はさらにこれを思想史に応用し、同一の「相」のなかでは人間の思考様式はほとんど変化しないが、「相」と「相」の間では、人間の思考様式は一八〇度転換すると断じている（このことは、本書の「序論」と「第一部」ですでに述べたはずである）。

このように、「物理」・「化学」と「歴史学」の間を「横断」することにより、アダムズは、十九世紀的な、連続的な、進化論的歴史観に真っ向から反対している。歴史、思想史は、「相」の転換、変化によって成り立っており、決して連続的なものではないと言っているのだ。

かくの如き歴史観は、アダムズがこの論文を書いた時には全く理解されなかった。しかし、二十一世紀を生きるわれわれから見るとどうであろうか。それは、もはや自明なことのように思われる。一九九〇年前後の歴史の大転換を見れば、戦後数十年続いた「冷戦システム」から、「ポスト冷戦システム」への移行は、氷から水のような「相」の変化として説明することができ、東欧革命、ソヴィエト＝ロシアの崩壊等は、「臨界点」として説明できるであろう。

「横断」による第二の知的組換え作業。それもまた、「熱力学」と「歴史学」の「横断」である。十九世紀の中頃、ドイツのクラウジウス（Rudolf J. E. Clausius）および、ウィリアム・トムソン（William Thomson、のちのケルヴィン卿［Lord Kelvin］）という二人の学者が、熱力学の分野においてある革命をなしとげる。すなわち、エントロピーの概念の導入である（「エントロピー」という名称は、一八六五年クラウジウスによってつけられた）。「エントロピー」とはいかなることなのか。以下に、二つの入門書における「エントロピー」の定義を記してみよう。

この法則がのべていることは、エネルギーは自由に形を変えてゆけるし変換できるものであるが、その時々で、かならずある代価を支払わなければならない、ということである。この代価とは……石油の例にみるように、本来そのエネルギーが有していた仕事をする能力、すなわち、ポテンシャルの放棄、ということである。熱力学ではこの仕事に変えることができない量を、エントロピーと定義している……。エネルギーを変換するたびに、エントロピーは発生し、その総量は増大してゆくということになる（武田修三郎『エントロピーからの発想』[2]）。

これは明解な定義である。さらにわかりやすいものとしては、ジェレミー・リフキン著『エントロピー——新しい世界観』（一九八〇）（竹内均訳『エントロピーの法則』[3]）があげられる。

……一度燃やした石炭をまた燃やすことはできないし、ましてや同量の仕事を得ることはできない。

そして、これを科学的に説明できるのは、熱力学の第二法則の他にはない。第二法則は、エネルギーが、ある状態から別の状態へと変わるたびに、将来、なんらかの仕事を行うのに必要な〝使用可能なエネルギー〟が失われてしまう、というものだ。エントロピーと呼ばれるものは、このことを指し、もはや仕事に変換することのできないエネルギー量の度合いなのである。

つまり、エントロピーが増大するということは、〝使用不可能なエネルギー〟が増えるということを意味している。

さらにリフキンは、「エントロピー増大」の帰結として最終的におとずれる「熱死」(ヒート・デス)理論——これは一八五四年にベンジャミン・トンプソンが唱え、その二年後ヘルムホルツが定式化したものである——について、次のように述べている。

トンプソンの〝ヒート・デス〟理論によると、宇宙は徐々に衰弱し、そして最終的にはヒート・デス、すなわち使用可能なエネルギーがすべて消費され、エントロピーが最大となった状態に達し、もはや活動が行われなくなるとされている。

だいぶ予備的考察が長くなったが、本題に戻ろう。アダムズは、このような「エントロピーの法則」をふまえて、壮大な文明論的考察を行っている。すなわち、「アメリカの歴史教師への手紙」(一九一〇)。ここでアダムズは、大体三つのことを論じている。一つは、進化論批判。二つ目は、社会・文明の「死」。三つ目は、エネルギー問題と環境問題である。

すでにアダムズは、『ヘンリー・アダムズの教育』において、進化論、進歩史観を批判したが、「アメリカの歴史教師への手紙」において、「エントロピーの法則」を論拠に、進化論、進歩史観を再度批判している。彼は、論文を通じて、ケルヴィンとダーウィニズム(アダムズは、ダーウィニズムをダーウィンの思想とは区別している。ダーウィンの皮相的な解釈を「ダーウィニズム」としている)を対置しつつ、ケルヴィンの側に与している。アダムズは、世界が無秩序に向かうとする「エントロピーの法則」の立場から、世界が秩序へ向かうとする進化論、進歩史観の欺瞞性、虚構性をあばいてみせる。

第二に、アダムズは、エントロピーの法則は、自然現象のみならず、社会・文明にまで適用され得ると述べている。すなわち、社会・文明は、歴史を通観しても永続的であったためしがなく、有機体と同じく必ず「死」をむかえる点で、無秩序、熱死へと不可逆に変化する宇宙のごとく、エントロピーの法則を免れないと言っている。これは、シュペングラー的歴史観を予示した文明史的考察である。

第三の点。これが、われわれ現代人にとって最も切実な問題であるといえる。アダムズは、以下のような危機感を表明している。(4)

①人間は、他の生命体と異なり、エネルギーを浪費する。人間は、地球に保存されたエネルギー源（石炭、石油、ガスなど）を使いつくそうとしている。

②人間は、地球上の森林を伐採し、地上の乾燥化を速めている。

③人間は、燃料資源をあまりにも急速なスピードで燃やしつくすため、酸素を使いつくしてしまう。

恐るべき洞察である。(5)アダムズは、二十世紀のはじめにすでに、現代における最大の問題であるエネルギー問題、環境問題を明確に予言していたのである。

しかしながら、「アメリカの歴史教師への手紙」を切実な問題として受けとめる読者は一人もいなかった。この論文は、ほとんど無視同然の扱いを受けた。アダムズは死の直前、最後の手紙で、"no one ever read it or has ever spoken to me about it,"(6)と述べている。アダムズの警世の書は、同時代人の心には届かなかったのであり、未来に向けられた「遺言状」としてのこされたのである。

そして現在、われわれは、アダムズのこの「遺言状」を無視することはもはや不可能である。なぜなら、そこには、現代の言葉に翻訳するなら、「エネルギー危機」、「砂漠化」、「炭酸ガスの排出」という語が透けて見えるからだ。アダムズの熱力学「教育」。それは、『ヘンリー・アダムズの教育』で述べられているアダムズの「教育」にも増して、重要性と現代性と予言性にみちたものなのである。

二　トルバドゥールを聞きながら

一九一〇年、二人のイェール大学の中世学者、フレデリック・ルキアンとアルバート・S・クックが、アダムズの『モン・サン・ミシェルとシャルトル』(一九〇四)をたまたま読み、それをきっかけに、アダムズと彼らとの手紙のやりとりが始まる。そしてアダムズは、ルキアンとクックがこの作品に示した関心ゆえに、ふたたびそれを出版しようと思い立つ。しかし、出版してからはや七年の時が流れ、その間に中世研究は大いに発達していた。そこでアダムズは、再刊にあたって、テクストを改訂しようと試みた。一九一一年のほとんどは、この改訂作業についやされた。

アダムズは、銀行員で学者でもあるワード・ソロンを助手にして、特にシャルトル関係の古文書を収集し、春には自らパリにわたり、シャルトルをいく度も訪ねた。また、ソロンの助けをかりて、自らがまだ目を通していなかったエミール・マール(7)をはじめとする中世研究書(資料)を入手し、改訂作業を進めていった。そして、彼は、一五ページほど加筆し（変更・削除は一頁にもみたない）、自分の論の大筋は変えずに、改訂作業を終了した。彼は、エリザベス・キャメロンに対してこう書き送っている。"My final proof-sheets are sent off : my final occupation is ended.[8]" たしかに、これ以降、アダムズは書物も論文も出版しなかった。その意味では、彼の仕事は「終わった」のだといえよう。しかし、彼の「教育」は、生涯の終わりまで続いてゆく。

一九一二年四月、アダムズはふたたびヨーロッパに行くことを思い立つ。彼が乗ろうとした船の名は、なんとタイタニック号。彼は、船の予約をすませた後、次のような不気味な、予言めいた言葉を書いている。"My ship, the Titanic, is on her way, and unless she drops me somewhere else, I should get to Cherbourg in a fortnight.[9]"

アダムズが乗るはずであったタイタニック号は、一九一二年、四月一五日、アメリカ沖で沈没した。アダムズは、タイタニック号の沈没にたいへん大きな衝撃を受けた模様である。西洋の機械文明の崩壊を示す、悪夢のような終末論的出来事として受けとめている。（"The foundering of the Titanic is serious, and strikes at confidence in our mechanical success.[10]" "This Titanic blow shatters one's nerves.[11]" "The sum and triumph of civilisation, guaranteed to be safe and perfect, our greatest achievement, sinks at a touch, and drowns us, while nature jeers at us for our folly.[12]"）

このような崩壊感覚に、タイタニック号に乗船していた知人の死のニュースのショック、そしておそらくは、自分もタイタニック号に乗っていたかもしれないという恐怖感も加わって、アダムズの肉体的、精神的疲労はもはや極限に達していた。

一九一二年、四月二四日、アダムズは一人で食事をしていた。その時、部屋の外にいた召使が物音を聞いた。中をのぞくと、アダムズが椅子からすべり落ち、倒れていた。彼は一人で立ち上がることができなかった。卒中の発作に見まわれたのである。その後彼は、数週間、意識のはっきりしている状態と譫妄状態のあいだをさまよった。時には、以下のような妄想にかられたという。「母がタイタニック号で遭難した」と。このことは、タイタニック号の沈没という出来事が、いかにアダムズに大きな衝撃を与えていたかということを暗に物語っている。

アダムズは、奇跡的な回復をとげ、夏の終わりには、散歩ができるまでになったという。そして一〇月末には、ワシントンの自宅に帰った。ここで、アダムズの看病、身のまわりの世話をすることになったのがアイリーン・トーンという名の女性である。トーンは、アダムズの姪の一人の若い友人であり、教養をそなえ機知に富んだ女性であった。アダムズは、天使のごとく優しいトーンと共にいるとすっかり心がなごみ、彼のペシミズム、アイロニー、神経のいらだちも影をひそめた。また、彼女は中世の歌を演奏し、うたうことができたので、彼女をつうじて、アダムズはふたたび中世のほうに引きよせられてゆく。

ここで、アダムズの中世研究は、第三段階をむかえる。第一は、『モン・サン・ミシェルとシャルトル』（一九〇四）の執筆まで。第二は、この作品の改訂作業。そして、第三段階は、それまでアダムズが見過ごしてきた中世音楽の研究である。この第三段階は、中世研究の新たな分野にふみ入れたという点で、前の二つと異なっているが、そればかりではない。第一、第二段階において、中世はあくまでも「研究対象」にとどまっていたが、第三段階では、中世は単なる「研究対象」ではなく、アダムズによって「生きられる時間」、アダムズの「生活」、「経験」の一部と化す。アダムズは中世を研究するだけではなく、中世を「生きる」のだ。

アダムズの中世音楽の研究（いや、体験）は、彼の書簡からうかがい知ることができる。それを以下、つぶさに追ってみよう。

彼は、アイリーン・トーンの歌、そして、彼女が持っていた書物（J. B. Wekerlin, *Echos du Temps Passé Vol. I.*）を通じて、南仏のトルバドゥール、北仏のトルヴェールの魅力のとりこになる。なかでも、巻頭にあげられたトルヴェール、シャトラン・ド・クーシーの歌を絶賛している。また、トルヴェールであるナヴァール王チボー・ド・シャンパーニュの歌も魅力的であると言っている。そして、トーンはこれらの歌を夜ごとアダムズのためにうたった（一九一二年一一月～一二月）。

アダムズは、アルザスの音楽学者J・ベックの書（*Die Melodien der Troubadours*［1908］）などをたよりに、トルバドゥールの音楽の研究をすすめるが、そこで、ジョフレ・リュデルの歌を見いだす（一九一二年一二月）。さらに、彼は、『モン・サン・ミシェルとシャルトル』においてすでに言及していたリチャード獅子心王の『囚われの歌』（*Prison Song*）の曲を何とか知りたいと思い、パリにいるワード・ソロンに調査を依頼するが、一九一三年二月、ついにソロンは苦心した末『囚われの歌』の曲の写本を発見する（そのときのアダムズの感動がいかに大きいものであったか、それは、彼のたった一語［"BEAUTIFUL"］からなる電報にみてとれる）。

一九一三年春、病気から回復するやいなや、アダムズは彼の姪、そしてアイリーン・トーンと共にパリにおもむく。彼は、姪や、中世音楽の専門家の助けをかりて、トルバドゥールやトルヴェールの音楽の楽譜を写しとる作業をすすめてゆく[13]（また、アダムズらは、フランスの古城に滞在し、毎日のように中世の遺跡、廃墟をおとずれた）。そして、楽譜を写しとるばかりか、夜ごとそれをトーンに歌ってもらい、中世音楽の雰囲気を肌で感じとった。まさしく、エリザベス・スティーヴンソンの言った通り、この時期のアダムズは、中世の「夢の世界」に生きていたのである[14]。

アメリカに帰ってからも、この「夢の世界」は続く。それは、アダムズの書簡の随所からうかがわれる（"Miss Tone walks me in the woods every morning, and sings me to sleep every evening, and I am quite happy." [To Ward Thoron, Jan. 22. 1914] "Since my shock of two years ago, I read very little and write not at all, but we sing our twelfth-century songs, and get more and more manuscripts copied, and have much amusement over them. It is innocent! .....History is dead." [To Charles Milnes Gaskell, 19 Feb. 1914]）。

このような至福の「夢の世界」。われわれは、それをアダムズの書簡から想像するしかないのであるが、今少し具体的なイメージを思い浮かべるために、ここで一枚のCDに耳を傾けてみよう。キャサリン・ボット『ワン・ヴォイス～中世トルバドゥール、トルヴェールの愛の歌[15]』。ここには、全部で一二曲が収録されているが、その中には、アダムズが書簡の中で言及しているジョフレ・リュデルとナヴァール王チボー・ド・シャンパーニュの歌が一曲ずつ収められている（前者は「五月、陽が長くなる頃」"Lanquan li jorn son lonc en may"、後者は「神はペリカンのようだ」"Deus est ausi comme li pellicans"）。また、アダムズがとても好んだリチャード獅子心王の死を悼む「哀歌planctus」も収められている（「何とつらいことだろう」"Fortz chausa es que tot lo major dan"）。

アダムズが夜ごと聞いていたのは、十二世紀のトルバドゥール、トルヴェールの歌である。ＣＤに収められた曲のうち、十二世紀の曲を聞いてみた印象は、調和性、静謐さ、おだやかさといったものである。もうすこし詩的なイメージをつかうなら、ゴシック教会のステンドグラスを通過してくるやわらかい光を浴びて、天上をあおいでいるような感覚といったらいいだろうか。あるいは、たそがれのなかをゆるやかに舞う小鳥を、微笑をうかべて眺めている気持に近いだろうか。「愛の歌」といっても、そこには激しさはなく、静かに秘めた想いを伝えるといった印象がつよい。これを聞く者は、怒り、苦痛、いらだちを忘れ、心の落ちつきをとりもどし、心が洗い清められるような感じをいだくのではないだろうか。

おそらく、アダムズも夜ごと寝る前にトーンの歌を聞きながら、心が落ちつき、清められ、無心の境地になれたのではないだろうか。ちょうど母親の子守歌を聞く幼な子のように。アダムズの"Miss Tone……sings me to sleep every evening" そして "It is innocent" という言葉は、それを如実に物語るように思われる。さきほど、私は、至福の「夢の世界」と書いたが、少し訂正する必要があるだろう。それは、静謐で無垢な「夢の世界」とするべきであろう。

静謐で無垢な「夢の世界」。それが永遠に続くことをアダムズは願っていたことだろう。「夢の世界」のなかから、彼は、次のように言った。「歴史は死んだ」（"History is dead."(16)）。はたして、アダムズにとって「歴史は死んだ」のであろうか。

時は、一九一四年。「歴史」はまさに「夢の世界」を踏みにじろうとしていた。

おわりに——西洋の没落

第一次世界大戦、それは、アダムズの最後の「教育」であった。彼は、それを単なる歴史的出来事としてとらえてはいない。第一次世界大戦は、アダムズにとって、文明の終わり、世界の終末を意味していた。それは、アダムズの書簡に見られる以下のような言葉に明らかである。

We are done,——my civilisation and I.[17]
The world has ended.[18]
Our world is ended.[19]
The end of the world.[20]

そしてアダムズは、第一次世界大戦を、西ローマ帝国の崩壊に匹敵する大事件として、文明史的にとらえている。

このような終末論的な、シュペングラー的なヴィジョン。エントロピー的なヴィジョン。それは、すでに『ヘンリー・アダムズの教育』、「アメリカの歴史教師への手紙」において見いだされるものであるが、第一次世界大戦における大量殺りくを目の前にして、それはますます強まってゆく。そして、アダムズは、おぞましい戦争のニュース、ますます強まるエントロピー的ヴィジョンゆえに、身ぶるいし、何時間も眠ることができなかったという（"I cannot hear a newspaper without shaken for hours.....I lie awake with nightmare for hours.[21]”）。

しかしながら、アダムズは、夜ごとトーンのうたう十二世紀の歌を聞くことによって、一時的に「夢の世界」にもどり、「エントロピー」的な歴史、世界、現実を忘れることができた（“but, there, ...I am safe. No one ever disturbs me there.[22]”）。彼は、トーンの歌う、トルバドゥール、トルヴェールの歌を聞きながら、静謐さをとりもどし、心の安定を得ていたのである。「戦争」（「歴史」、「エントロピー」）と「歌」（「夢の世界」）のあいだで、あやうい均衡を保っていたのである。ちょうど、彼の精神が、『ヘンリー・アダムズの教育』と、『モン・サン・ミシェルとシャルトル』のあいだでかろうじてバランスを保っていたように。

ヘンリー・アダムズが、死の直前に書いた、エリザベス・キャメロンへの最後の手紙（一九一八年三月一日）に記される言葉は、そのことを暗示しているようにおもわれる。

I suppose that really the entire world is now hanging on to itself for the next month, waiting to drop into some *new* bit of darkness that it can't escape, but meanwhile we try to be cheerful and whistle our twelfth-century melodies.

注

（1）To Henry Cabot Lodge [March 1,1916]（*The Letters of Henry Adams*, ed. by J. C. Levenson, Ernest

Samuels, Charles Vandersee, and Viola Hopkins Winner〔Harvard Univ. Press, 1988〕）
（2）講談社現代選書、一九八三年。
（3）祥伝社、一九九〇年。
（4）Henry Adams, *The Degradation of Democratic Dogma*（New York, Peter Smith, 1949）, pp. 216-7.
（5）また、アダムズは①②③の理由により、人間は動植物より劣っていると述べ、進化論的考えを批判している。
（6）To William Roscoe Thayer〔March 15, 1918〕
（7）エミール・マールの中世研究書は、国書刊行会から翻訳が出ている。『ロマネスクの図像学』上、下（田中仁彦・池田健二・磯見辰典・成瀬駒男・細田直孝訳、一九九六年）。『ゴシックの図像学』上、下（田中仁彦・池田健二・磯見辰典・細田直孝訳、一九九八年）（全四巻）。なお、アダムズとマールの比較については、以下の研究を参照のこと。Robert Mane, *Henry Adams on the Road to Chartres*（Harvard Univ. Press, 1971）, pp. 137-9, pp. 146-7.
（8）To Elizabeth Cameron〔Jan. 11, 1912〕
（9）To Charles Milnes Gaskell〔April 12, 1912〕
（10）To Elizabeth Cameron〔April 16, 1912〕
（11）To Elizabeth Cameron〔April 16, 1912〕
（12）To Elizabeth Cameron〔April 21, 1912〕
（13）またアダムズは、専門家に依頼して、「四角音符」を現代の記譜法に変えてもらった。
（14）Elizabeth Stevenson, *Henry Adams : A Biography*（Transaction Publishers, 1997〔Originally Published in 1955 by Collier Books〕）, p. 347.
（15）L'Oiseau-Lyre POCL-1716〔Poly Gram K.K. Made in Japan〕
（16）To Charles Milnes Gaskell〔Feb. 19, 1914〕

(17) To Elizabeth Cameron [Nov. 15, 1914]
(18) To Ward Thoron [Dec. 26, 1914]
(19) To Charles Milnes Gaskell [Dec. 26, 1914]
(20) To Elizabeth Cameron [May. 26, 1915]
(21) To Elizabeth Cameron [Feb. 6, 1916]
(22) To Elizabeth Cameron [Feb. 6, 1916]

＊本章は、拙論「『ヘンリー・アダムズの教育』エピローグ――晩年の一〇年間――」(『人文研紀要』第三六号、中央大学人文科学研究所、一九九九年九月、所収)をもとにして書かれたものである。

結びにかえて　世紀の変わり目――ある円舞《ロンド》

I did not write to you about your brother William, because I fancied that letters were a burden to you. The other reason is that I felt the loss myself rather too closely to talk about it. We all began together, and our lives have made more or less of a unity. . . .

(Henry Adams to Henry James, January 22, 1911.)

ヘンリー・アダムズ、ヘンリー・ジェイムズ、ウィリアム・ジェイムズ。世紀の転換期を生きた三人の知的巨人……。彼らを対象とした比較研究――それも「学際的な」比較研究――は、これまで数多くなされてきた。

ジョン・カーロス・ロウの『ヘンリー・アダムズとヘンリー・ジェイムズ』(一九七六)[1]、リチャード・A・ホックスの『ヘンリー・ジェイムズとプラグマティズム』(一九七四)[2]、クライブ・ブッシュの『革命への途上』(一九九一)の中の一章「アダムズとジェイムズ」[3]は、その中でも代表的なものである。ロウの研究は、十九世紀から二十世紀初頭にかけて起きた認識論的変革の軌跡を、アダムズとヘンリー・ジェイムズのテクストの内に読みとろうとしている。一方、ホックスの研究は、ヘンリー・ジェイムズの後期の小説に見出されるウィリアム・ジェイムズのプラグマティズム(あるいは、それに対する批判）を、作品の精密な読解を通して跡付けようとした労作である。また、ブッシュの論考は、アダムズとウィリアム・ジェイムズの思想にみられる相同性と差異を明確にしようとしたものである。

その他の研究としては、ポール・B・アームストロングの『ヘンリー・ジェイムズの現象学』（一九八三）[4]、マール・A・ウィリアムズの『ヘンリー・ジェイムズと哲学的小説』（一九九三）[5]があげられる。これら二つの書においては、「現象学」というテーマを媒介にして、ヘンリー・ジェイムズとウィリアム・ジェイムズの関係が、間接的にではあるが、言及されている。

本論考も、これらの研究と方向性を同じくしている。すなわち、「学際的」な比較研究を行うことを意図するものである。ただし、これまでの研究と異なる点は、右の三人の知的巨人のうちの二人のみを比較するのではなく、三人を同時に比較研究の対象としていることである。つまり、アダムズと二人のジェイムズの「横断的」な読みを行おうとするものである。そうすることで、彼ら三人に共通する、「精神的風土」を明らかにすることを目的としている。

本論考では、このような「学際的」＝「横断的」な読みを行うにあたり、大体二つのアスペクトを設けた。二つとは、(1)相対性（Relativity）、(2)生成（Becoming）である。が、これらはあくまでも便宜上設けたものであり、別個のものではない。それゆえ、それらは相互に関係し、重複することもありうる。その点については、以下の論において明らかにするつもりである。

一　相対性

十九世紀後半から二十世紀初頭にかけて、学問・芸術のあらゆる領域で、「客観主義」および「真理の絶対性」に対する懐疑、批判が生じたことは周知の事実である。事象は主観（観察者）とは独立に、客観的に存在するものではなく、主観との関係で相対的にとらえられるものだということ、また、客観的・絶対的な〝真理〟なるものは決して存在せず、真理は、相対的・複数的であるということ。つまり、事象・真理の「相対主義」という考えが、世紀の変わり目に顕在化してくるのである。

たとえば、物理学。マッハに端を発し、アインシュタインによって完成される「相対性理論」、そしてハイゼンベルクの「不確定性原理」はあまりにも有名である。哲学・歴史学においても同様である。カッシーラーの「関数概念」、ベルクソンの「持続」、ニーチェの「系譜学」、ホワイトヘッドやラヴジョイらの「観念史」、などが代表的なものである。心理学においては、ブレンターノの「志向性の心理学」。そして、数学においては、F・クラインが体系化（統合）した「射影幾何学」。これは、視点によって同じ図形がさまざまな形にみえる（射影変換される）という考えである。

絵画においても然り。十九世紀後半、「遠近法」の絶対性に対し「印象派」の画家たちは疑問を投げかける。「芸術が客観性をもつという昔ながらの嘘をつくことに、芸術家はもうこれ以上耐えられなかった。いまや芸術家が人々に呈示しようとするものは、『本当』の自然とか、ありのままの世界の本質とかいったものではない。もっと謙虚に、自然に対する自分の見かた、自分の『印象』を示すにすぎない。……絵画が表わすものはもはや現実そのものではなくて、『現実に対する経験』

なのである。何が見えるかではなくて、どのように見えるかが問題なのである。」（ジャン・クレイ）[6] ここに、「主観的・直観的世界観への移行が実現する」のである。そして、さらに絵画における「相対主義」をおし進めることになるのが、キュビズムである。そこでは、「遠近法」の「客観主義」は完全に否定されている。

文学においては、ブラウニングの『指輪と書物』（一八六八―六九）をあげるべきであろう。イタリアのある町で起きた事件を、複数の人物が、それぞれの視点から語るという構成をとっているこの作品は、いわば、文学における「射影幾何学」である。この作品においては、事件に直接かかわった三人の人物の語る物語（証言）が全く食い違っているため、真実はどこにあるのかわからなくなる。そこでは真理の「相対主義」が示されている。

＊

このような「精神的風土」。それは、ウィリアム・ジェイムズの哲学、ヘンリー・ジェイムズの文学、ヘンリー・アダムズの歴史学にも共通して見られるものである。

まずは、ウィリアム・ジェイムズ。彼は、『真理の意味』のなかで次のように言っている。

私が理解するに、プラグマティストの物の見方は、ここ五十年の間に科学的真理の旧来の考えが崩壊したことから生じたように思われる。かつて「神は幾何学する」と言われていた。そして、ユークリッド幾何学を構成する要素は、文字通り「神の幾何学」を再現するものだと信じられていた。永遠の、不変の「理性」が存在するというのだ。・・・物理的・化学的な「自然法則」についてもそうであり、博物学の分類についてもそうである――それらすべては、事物の構造にひそむ、人間以前から存在する「原型」をまったく正確に写したものだと思われていたのであり、私たちの知性のうちにひそむ神性の火花が、それを見抜くことを可能にするのである。・・・一八五〇年頃まで、ほとんどすべての人々は、諸科学は非人間的な実在にそなわる定まった法則の正確な写しである「真理」を表現するものだと信じていた。しかし最近、諸学説・理論があまりにも急速に増加したことにより、それらの一つが他のものより客観的であるというような考えは、ほとんど覆されてしまった。(7)

ここには、十九世紀後半から二十世紀初頭にかけ、「真理の絶対性」の神話が崩壊した様が記述されている。ウィリアム・ジェイムズは、このようなエピステーメーの転換期にあって、「真理の相対性理論」を提示した。彼は、それを、『プラグマティズム』において明確に述べている。

しかし、どの感覚に注意を払い、注目し、私たちの結論において強調するかは、私たち自身の関心による。……私たちが強調する度合いに応じて、まったく異なる真理が形成されるのである。(8)

彼は、このような真理観の例として「ワーテルロー」(‘Waterloo’)という言葉をあげている。彼は、

「ワーテルロー」という言葉が、同一の固定した諸事実から成るとはいえ、イギリス人にとっては「勝利」を意味し、フランス人にとっては「敗北」を意味すると述べている。ジェイムズは、「真理の相対性」について、さらに次のように言っている。

かくして、私たちが実在について語ることは、それを投げ込むパースペクティブに依拠しているのだ。(9)

何事も、何か他のものと一緒に、ある「認識者」によって知られるのだ。しかしこのような認識者は、結局は一者に還元できず多数でありうるのであり、それらの認識者のうちもっとも偉大な者でさえも、物事の全体を知ることはできないのだ。(10)

事象はパースペクティブ＝視点によってさまざまな形で解釈され、認識者は全能ではなく、物事の全体をとらえることができず、部分しかとらえられないのだ、とジェイムズはここで言っているのである。

また、ジェイムズは、彼の主著である『心理学原理』において、反―「客観主義的」ヴィジョンを展開している。『心理学原理』の冒頭で、ジェイムズは次のように記している。

心理学は、心的生活の（その現象および現象の条件の）科学である。現象とは、いわゆる感情、欲望、認識、推論、決断のようなものを指している。そして表面的に考えるなら、そうした現象の多様性と複雑性は、観察者に混沌とした印象を残すのである。(11)

この引用に示されているように、『心理学原理』において、ジェイムズは、観察者との関係で相対的に変化する意識現象、観察者のいだく多様で複雑な、混沌とした「印象」の記述を試みているのである。いわば、心理学・哲学における「印象派」たらんとしたのだ。彼は、「現実そのもの」の客観的な像ではなく、観察者の「現実に対する経験」を記そうとしているのである。このような「すべての事象を意識現象とみなす」というテーゼ。『心理学原理』全篇は、この一つのテーゼによってつらぬかれている。たとえば、「時間」。ジェイムズは、絶対的・客観的な時間は存在しないと考える。彼は、観察者の時間意識の記述に終始している。「生きられる時間」(ミンコフスキー)を記述しようとしているのだ。彼は、意識現象としての時間において、「過去」と「現在」は切りはなされた二点ではないと述べる。純粋な「現在」、文字通りの「現在」は、存在せず、観察者の時間経験においては、「記憶」という作用によって過去の心像はたえず現在の内に流れ込んでいる、と言っている。彼は、ベルクソンと同じく、時間を「持続」としてとらえているのである。

ウィリアム・ジェイムズは、『心理学原理』において打ち出した「意識現象」のテーゼを、さらに『根本的経験論』において敷衍している。彼は、『心理学原理』において、主として「意識現象」の〝記述〟を行ったが、『根本的経験論』においては、このように記述された「意識現象」の〝意味論的考察〟(解釈学的アプローチ)を行っている。その中でジェイムズは、人間の認識とは、「意識現象」(「経験の織物」）を、さまざまな文脈において解釈することである、という考えを示している。ヘンリー・ジェイムズの文学は、ウィリアム・ジェイムズの哲学の文学的「翻訳」であると言ってよい。

＊

彼の小説の多くは、「全能」の作者によって非人称的に語られる客観小説の形式をとっていない。その文学的世界は――程度の差こそあれ――「視点」人物によって知覚され、解釈されているという点で、反―客観主義的であり、相対化されている。

このような形式上の特徴は、すでに彼の初期作品に明瞭に見てとることができる。短篇「モーヴ夫人」においては、第二章を除いて、物語のほとんどは「観察者」である青年ロングモアの視点から捉えられている。また、『ロデリック・ハドソン』では、ロデリックの友人である作中人物ローランドの視点からとらえたロデリックの物語が示されている。このような手法は、彼の後期作品においてはいっそう顕著である。『メイジーの知ったこと』以降、『黄金の盃』にいたるまで、物語内容のほとんどは、作中人物の視点を通じて提示されている。作者は、彼らの視点のとらえた世界――彼らの「意識現象」（あるいは「解釈」）――を「編集」し、「統合」する役割を果たしているにすぎない。

このように、作品中の人物の「意識現象」（「解釈」）からなるヘンリー・ジェイムズの文学的世界は、「世界内存在」としての「観察者」の「意識現象」（「解釈」）から成るウィリアム・ジェイムズの心理学的・哲学的世界と構造的相同性をなしているのだ。とりわけ、「時間」についてこのことはあてはまる。現在のうちに過去が流れ込んでくるという意識構造は、すでに『ある婦人の肖像』の第四二章におけるイザベルの回想において明瞭である。このような構造は、わけても後期の作品において顕著である。たとえば『黄金の盃』では、主として公爵およびマギーの現在の意識のうちに、無意志的に、過去の記憶心像が流れ込んでくる様が、現在の意識の「盃」が記憶心像によってあふれんばかりの状態にある様が、示されている。

そして、ウィリアム・ジェイムズの示した「真理の相対性」。それは、ヘンリー・ジェイムズの文学において、「視点」の複数化、「視点」人物の認識論的な限界というかたちで示される。

ヘンリー・ジェイムズの文学において、出来事、人物（もしくは人物同士の関係）は、しばしば複数の「視点」からとらえられている。たとえば、『ある婦人の肖像』においては、イザベルに対する、複数の人物の「意識」、「印象」が記される。よって、単一の真のイザベルの「肖像」が描き出されているのではない。複数のイザベル像（解釈）がせめぎあって、テクストが成立しているのである。『ある婦人の肖像』と構造的に類似している『鳩の翼』についても同様のことが言える。複数のミリー像（ミリーに対する「印象」、「意識」）が合わさってテクストが出来上がっているのである（ただ、イザベルの場合と異なり、ミリー自身の意識のドラマはきわめてあいまいな形で語られており、詳しくは語られないため、ミリー像はイザベル像に比べるとずっと謎めいたものとなっている。ミリーという「真―空」へ引きよせられる、「視点」人物の意識のドラマに力点がおかれているのである）。

「視点」人物の認識論的限界。認識者である「視点」人物は、物事の全体をとらえることができず、部分しかとらえられない、ということ。これは、ジェイムズの小説における「悲劇」の根源となっている。ジェイムズの小説における「悲劇」、それは、多くの場合、運命論的な悲劇ではなく、認識論的な「悲劇」なのである。

例えば、イザベルの「悲劇」。それは、直接的には、彼女の認識した「オズモンド」が、オズモンドという人物の部分、一面にすぎなかったことに起因している。イザベル自身、第四二章の「回想」のなかでそのことに思い到る。

しかし彼女（イザベル）は、地球の影によって部分的に隠されたときに月を見るように、彼（オズモンド）の本性の半分しか見ていなかったのだ。……彼女は、部分を全体だと思いこんでしまったのだ。(12)

ジェイムズ文学においては、このような認識論的な「悲劇」を通じて、「真理の相対性」という考えは明確に示されているのである。

＊

「相対性」の観念。それは、ヘンリー・アダムズの作品においても明らかである。

例として、アダムズの『アメリカ史』。この作品は、実証主義的な歴史学に方法論の多くを負っている。とはいえ、実証主義に特徴的な「客観主義」をも同時に受け入れているわけではない。アダムズは、過去の出来事（の意味）を客観性を有したものとして受け入れているわけではない。なぜかというと、アダムズは『アメリカ史』のなかで、「客観主義」に抗して、過去の出来事（の意味）はそれをとらえる視点の変化によって共に変化するという「多視点的歴史観」を示しているからである。『アメリカ史』における「多視点的歴史観」については、本書の第一部第一章において詳しく述べたので、ここでは改めて論じない。

「相対性」の観念。それは『ヘンリー・アダムズの教育』においても示されている。

ウィリアム・ジェイムズが、十九世紀の中葉にエピステーメーの「断層」を見いだしていることはすでに記したが、アダムズもまた、十九世紀の中葉に「断層面」を見いだしている。それは、『教育』のはじめの方に記されている。そこでは、静的で、秩序づけられた予定調和的な世界が、十九世紀中葉に砕け散り、その後の混沌とした流動的な社会的現実のなかで、アダムズが、自己を導いてくれる「真理」を探し求めて、知的航海へと旅立つ様が描かれる。が、アダムズは、己を導く「真理」を見いだすことができない。彼は〈歴史〉という羅針盤に頼ろうとする。しかし、彼の経験する歴史は、絶対的で客観的な真理としての〈歴史〉ではない。アダムズによって「生きられた歴史」は、乱流のごとく、無目的で法則性を欠いているからだ。

アダムズは、その後あらゆる学問のうちに「真理」を求めてやまないが、この「真理」探究の旅＝「教育」は、ことごとく失敗に終わる。そこで彼は、最終的には、この世界に絶対的な真理は存在しないと結論するに至るのである。

そして、『ヘンリー・アダムズの教育』という作品の構造そのものが、「相対性」の観念、反――「客観主義的」な考えを示していると言えよう。ロウは『ヘンリー・アダムズとヘンリー・ジェイムズ』のなかで、アダムズは「神の死」後、歴史へと向かい、個人と歴史の「関係」をさぐろうとした、と述べている(13)。そう、アダムズは、歴史を個人の意識から独立した、超越的な法則、理性としてとらえなかった。彼は、十九世紀に支配的思想となる「歴史主義」とは一線を画していた。彼は、歴史とは個人の意識との関係で相対的に認識される現象である、と考えたのである。

それゆえ、彼は、十九世紀から二十世紀の歴史を記述するにあたって、非人称的な、「客観的」な叙述を行うことができなかった。「意識現象」としての歴史を（歴史意識を）記すため、歴史的空間のうちに、「世界内存在」としての「アダムズ」という「視点」（point of view）を設定しなくてはならなかったのである。よって、『ヘンリー・アダムズの教育』という作品は単なる自伝ではない。それは、「自伝」の仮面をかぶった「歴史」なのである。

＊

さて、次に、二人のジェイムズとアダムズが共有するもう一つの「精神的風土」である「生成」についての考察に移ることにしよう。そこでは、これまで明らかにした「真理の相対主義」および「意識現象」というテーマが、別のコンテクストにおいてとらえられることになるであろう。

二　生成

哲学史上のアポリアの一つに、「存在」(Being)と「生成」(Becoming)という問題がある。世界は「存在」であるか？「生成」であるか？　静的な、自己完結的な（自己同一的な）世界観と、動的な、自己超出的な（差異的な）世界観の対立と言いかえてもよいだろう。このような対立は、哲学史のはじまりからすでに存在していた。ヘラクレイトス、そして原子論者であるデモクリトスやルクレティウス。彼らは「生成」の哲学者であった。片やパルメニデスやプラトン。彼らは、「存在」の哲学者であった。

が、プラトン以降、西洋哲学史において、「存在」の哲学が優位に立った。そして近代になると、デカルト哲学以降「静的で自己完結的な世界観」がますます優勢をほこるようになった。

しかしながら、十九世紀後半から二十世紀初頭にかけて、再び、「生成」の哲学が、哲学史の表舞台におどりでてくるようになる。反―プラトン的な「ギリシア」の研究から出発したニーチェ、そして反プラトン的な原子論者であるデモクリトスとエピクロスの研究から出発したマルクス。彼らは、世界を「生成」として、ダイナミックな構造を有したものとしてイメージした。ニーチェ、マルクス以降、「生成」の哲学者が次々に現われることになる。ベルクソン、ホワイトヘッド、ジル・ドゥルーズ、ミシェル・セールらがその代表的なものである。ベルクソンの「持続」、「創造的進化」、ホワイトヘッドの「過程」、ドゥルーズの「差異」、それらは、「生成」に関係した概念である。また、ミシェル・セールの著書の一つの表題は、ズバリ *Genèse*（『生成［過程］』）となっている。

以下に論じる、ウィリアム・ジェイムズの哲学、それは「生成」の哲学である。そして、ヘンリー・ジェイムズの文学は、「生成」の哲学を文学的に表現したものである。また、ヘンリー・アダムズは、

「生成」の哲学を歴史学において展開しようとしている。

＊

ウィリアム・ジェイムズが、「すべての事象を意識現象とみなしていた」ことは、すでに述べた通りであるが、彼はさらに、この「意識現象」が「生成」過程のただなかにあるということを示した。すなわち、「意識の流れ」（'stream of consciousness'）の理論である。[14]
「意識の流れ」の理論。それは、大別すると、次の二つの考えから成っている。
（1）「意識は絶えず変化している」ということ
（2）「意識の連続性」
（1）について、ジェイムズは次のように述べている。

いかなる状態も、いったん過ぎ去ってしまうと、かつての状態とは同一ではないし、繰り返されることはない。……時に私たちは、見たり、聞いたり、推論したり、意志したりし、またある時は、回想したり、期待したり、愛したり、憎んだりする。[15]
私たちは、眠いか目覚めているかによって、空腹か満腹かによって、元気であるか疲労しているかによって、また、夜か朝か、夏か冬かによって、とりわけ、子供時代、壮年期、老年期によって、違ったふうに物事を感じとる。[16]

さらにジェイムズは、次のように言っている。それは、「意識現象」の「相対性」について述べた箇所である。

私たちが所与の事実にたいしていだく考えは、厳密に言えば独自のものであり、同じ事実にたいする別の考えと似ているにすぎない。同一の事実がふたたび生じると、私たちはそれを違った仕方で考え、やや違った角度から眺め、前に生じたときとは違った関係のもとに理解するに違いない。[17]

……たしかに、ヘラクレイトスのように、私たちは同じ川に二度入ることは出来ないと言うのが正しいであろう。[18]

ジェイムズは、プラトンやデカルトのように自己（self）を「実体」（substance）としてはとらえない。彼は、それを「過程」（process）としてとらえているのである。「絶えず変化する意識」は存在論的な（ontological）ものではなく、機能的（functional）である（さまざまな状態、条件と関係しているという点で「関数的（functional）」である）と言っている。

（2）また、ジェイムズは、このような差異性のただなかにある、一見ばらばらにも見える「意識現象」が連続性を有していると言っている。それはなぜか。それは、「記憶」という作用による、とジェイムズは言う。「記憶」により、過去における経験は、現在の経験と同じく、「私」の経験としてとらえられるのである。

彼（ピーター）は彼自身の状態を記憶している。記憶は直接的な感覚のようだ。……その対象は、暖かさと親密さにみちている。ピーターの現在の考えが有しているのは、このような、暖かさ、親密さ、直接性といった特質である。……いかなる過去の感情であろうと、こうした特質をともなうものは、現在の心的状態に歓迎され、所有され、共通の自己のうちに属するものとして受け入れられるに違いない[19]。

このような「意識の連続性」を保ちながら、「意識は絶えず変化している」というのが、「意識の流れ」の理論である。

生成する「意識現象」という考えは、さらに、彼の後期の作品において明瞭に述べられている。

……連続性と不連続性は、まったく等しく感じられる直接的な感覚である。……この過ぎ去る瞬間が私の生の新たな脈動だと感じられる、同じ行為のうちに、私は古い生が連続していると も感じられるし、また、連続性の感覚は、同時に生起する新しさの感覚と衝突してせめぎあうことはないのだ[20]。

……内的生の脈動において、私たちの直接的現在のなかには、少しの過去と少しの未来が存在している。(21)

「記憶」によって「過去」を「現在」の内にとどめ、「未来」への期待をいだきつつ、同時に新しい瞬間を生み出してゆくこと。これは、まさにベルクソンの「持続」、「創造的進化」であり、ホワイトヘッドの「エポック的時間論」である。

ウィリアム・ジェイムズの哲学において、生成過程にあるのは「意識現象」ばかりでない。「意識現象」の「解釈」もまた、生成のただなかにある。

たとえば、彼の真理観（あるいは意味論）。それは、一言でいうなら、出来事の真理性（あるいは意味）は、所与の、固定したものではなく、時間やコンテクストのなかで生成するものである、という考えである。

ジェイムズは、生成としての真理観について、次のように言っている。

真理は真理に「なる」のであり、出来事によって真理に「される」のである。真理の真理性は、実際には一つの出来事、一つのプロセスなのだ。すなわち、真理がみずからを真理化するプロセス、真理の「真理化」のプロセスなのだ。真理の妥当性は、真理が妥当に「なる」プロセスのことである。(22)

つまり、こういうことである。Aという経験の真理性は、後続する経験Bによって「回顧的に」、「遡行的に」検証される（確かめられたり、修正されたり、否定されたりする）、とジェイムズは言っているのだ。「真理性」とは、直接経験のレベルにおいては潜在的なものにとどまるのである。それゆえ、Aという経験において、ある事柄が真理であると思われても、Bという経験によって、それが真理ではなくなるということがありうるのである。

いかなる経験も、いまだ純粋で今現在起こっているあいだは……「真理」として通用する。しかしその直後に、それは単なる「臆見」に変えられてしまうかもしれない。(23)

現在は、世界の以前のプロセスに回顧的な光を投げかける。この以前のプロセスは、それらのなかで活動している者にとっては真理のプロセスであったかもしれない。しかしながら、その後の世界の歴史が明らかにした事柄を知っている者にとっては、そうではないのである。(24)

ジェイムズの意味論も「生成」のただ中にある。

現実のあらゆる一連の項においては、項自体、それに関連するもの、環境が変化するばかりか、私たちも変化し、それら項が私たちにとって持つ意味も変化する。(25)

……同じ経験が、三度、四度、あるいは何度も、それと同じ数の違った心的文脈に入り込んであらわれてはいけないという理由はない[26]……。

経験とは、コンテクストによって多義的となるのである。ジェイムズの言うように、「経験と経験とは認識しあっている」（"the experiences are cognitive of one another."[27]）のである。

＊

ヘンリー・ジェイムズのいわゆる「円熟期」の三作品（『鳩の翼』、『使者たち』、『黄金の盃』）。それらは、「意識の流れ」を文学的に表現したものである。

とりわけ、『黄金の盃』は、ほとんど全篇が、「意識の流れ」（前半は公爵、後半はマギーのそれ）から成っているといえよう。人物らの意識は絶えざる変化のうちにあり、過去と未来を自在に行き来する。しかも、多くの場合、物語の時間が、人物の意識の時間に即して進行してゆく。文体そのものも、「意識の流れ」を忠実になぞっている。たとえば、Book II,「公爵夫人」の冒頭部分。段落、ピリオドを極力へらし、カンマやダッシュを多く用いた、息の長い文章の連続。数十ページにわたって会話文のない地の文が延々と続く。そしてめまぐるしい時制の交替……。これらは、人物の「意識の流れ」の言語的等価物である。

そして、ウィリアム・ジェイムズの真理観（あるいは意味論）。それも、我々にヘンリー・ジェイムズの文学を想い起こさせる。なぜなら、ヘンリー・ジェイムズもまた、真理（あるいは意味）

というものは、絶対的な、超越的な（アプリオリな、所与の）ものではなく、「過程」（時間やコンテクスト）のなかにおいてのみ「生成」するものであるという考えを、人物の認識行為、あるいは語り手の物語行為を通じて示しているからである。「真理」（あるいは意味）は、「視点」人物の視点がとらえる「現象」、および、彼らが他の人物（もしくは人物同士の関係）に対して行う「解釈」を通じて、徐々に、構成されてゆく。時として、このように構成されてゆく「真理」（あるいは意味）は、修正されたり、否定されたりする。「真理の真理化、あるいは非―真理化」のプロセス、「コンテクストによる意味の多元化」のプロセス、それがジェイムズ文学においては示されるのだ。『ある婦人の肖像』における「オズモンド」に関する「真理」の非―真理化のプロセス。すでに述べた、「イザベル」像の多元化。『メイジーの知ったこと』における、メイジーの「親」たちの、混沌とした、錯綜している人間関係、および、彼らの人物像の真理化（もしくは多義化）のプロセス。『鳩の翼』におけるミリーの〝病気〟の真理化のプロセス、「ミリー」像の多元化。『黄金の盃』における、公爵とシャーロットの〝関係〟の真理化のプロセス……。例をあげればきりがないだろう。

そして、語り手の物語行為そのものが、このような「真理の（非）真理化」のプロセスを可能にする。物語（言説）は、全能性を放棄し、「視点」人物の認識論的な限界のうちにとどまることによって、常に、真理（あるいは意味）の一面しか明らかにしない。また、物語（言説）の時間は、過去と現在を自由に往復し、遡行的なやり方で、ジグソーパズルのように、真理を、徐々に明らかにしてゆく（ただし、このジグソーパズルは、決して完成することはない）。

以上のような意味において、ヘンリー・ジェイムズの文学と、ウィリアム・ジェイムズの哲学は構造的相同性を示していると言えよう。

＊

「真理の(非)真理化」のプロセス、「コンテクストによる意味の多元化」のプロセス、それはヘンリー・アダムズの作品にも見いだされる。

すでに第一部、第一章で述べたように、『アメリカ史』において、アダムズは、ある出来事を語る際、決してその意味を固定することなく、他の出来事との関係性によって、出来事がおかれているコンテクストによって、出来事の意味、価値が次々に変化してゆく様を示す。出来事の意味は、アダムズのテクストにおいては自己完結せず、増殖し、あるいは修正されてゆくのだ。彼は、自らの解釈の絶対性を主張するのではなく、解釈の可能性を示すのだ。

このような「コンテクストによる意味の多元化」は、『アメリカ史』という作品の物語（言説）の時間の多元化によって可能となる。それは、国内史とヨーロッパ史を交互に語るという方法であり、アメリカ国内で同時に起きている出来事を語るため時間を中断したり、逆行させせつつ、複線化する、という方法である。このような時間の多元化によって、同一の出来事が何度もちがったコンテクストから語り直され、あるいは、ある出来事と密接にかかわる同時的な出来事が語られることにより、出来事の意味は、変化し、修正され、補完されてゆくのである。

そして、『ヘンリー・アダムズの教育』。それは、「真理の（非）真理化」のプロセスをえがいた作品であると言える。そこに記されているのは、「真理」を、経験や事実と照らしあわせて検証してゆくプロセスである。そしてほとんどの場合、それは「真理」の非真理化のプロセスとなる。アダムズの「教育」。それはまず、合理的な〈歴史〉の観念（「真理」）を具体的事象に適用することの不可能性を学びとってゆく（非真理化の）〝過程〟であった。アダムズの「教育」。それはまた、〈進化〉、および〈進歩〉の観念（「真理」）が、具体的事象と乖離しているということを見いだす（非真理化の）〝過程〟であった。

このように、アダムズの「教育」のほとんどは「真理」の非真理化のプロセスであるが、ただ一つ、「真理」の真理化のプロセスが記されている。それは、彼が、「カオス＝自然の法則」という「真理」を、具体的事象と照らしあわせつつ、真理化してゆくということである。

また、アダムズは、「生成」の思想を、「歴史のダイナミックな理論」において明確に示し、壮大なスケールで展開している。

すでに序論、および第一部第三章で述べたように、この「ダイナミックな理論」において、アダムズは、すべての現象を「力」の作用する「場」として見ることになる。彼は、人間（の精神）を「磁石」にたとえている。そして、それは、他の諸力を引きつけてゆく一つの「力」であると定義する（“Man's function as a force of nature was to assimilate other forces as he assimilated food.”[28]）。人間の〈精神〉は、諸力を道具やエネルギーとして用いることで、自らの「力」の範囲を拡大し、複雑化してゆく。さらに道具をテクノロジーに発展させ、より自らの「力」を拡大する。そして、しだいに、テクノロジーを通して世界と間接的にかかわるようになり、テクノロジーは人間の〈精神〉

の一部として同化されるのである。
このような考えは、主―客の二元論、閉じた実体としての精神という考えとは無縁である。アダムズにとり、人間の〈精神〉とは、開放された「力」であり、外部の諸力とリゾーム状にからみあい〈生成〉する（自己組織化する）錯綜したシステムなのである。物質と生命、人工と自然の境界を越えて〈生成〉するシステムであると言ってもよいだろう。また、それは、アプリオリな主体とは異なっている。なぜなら、それは、歴史と共に変容をとげてゆく〈生成する主体〉であるからだ。

*

以上、ウィリアム・ジェイムズ、ヘンリー・ジェイムズ、ヘンリー・アダムズの主要作品を、「相対性」と「生成」という二つの側面に光を当てて考察してきた。この他にも三人に共通する要素は多くあり、本論考は、比較研究としては決して十分なものであるとは言えないが、少なくとも、彼ら三人が、十九世紀後半から二十世紀初頭にかけての「精神的風土」を共有し、また、彼らが認識論のレベルにおいて構造的相同性を示している、ということは明らかになったはずである。分野は異なるとはいえ、彼ら三人は統一体を形づくっているのである。そのことは、ヘンリー・アダムズ自身が、ウィリアム・ジェイムズの死に際しヘンリー・ジェイムズに対して書き送った手紙のなかで記している。

We all began together, and our lives have made more or less of a unity, ...

注

(1) John Carlos Rowe, *Henry Adams and Henry James* (Cornell Univ. Press, 1976).

(2) Richard A. Hocks, *Henry James and Pragmatic Thought* (The University of North Carolina Press, 1974).

(3) Clive Bush, *Halfway to Revolution: Investigation and Crisis in the Works of Henry Adams, William James and Gertrude Stein* (Yale Univ. Press, 1991), pp. 131-141.

(4) Paul B. Armstrong, *The Phenomenology of Henry James* (The University of North Carolina Press, 1983).

(5) Merle A. Williams, *Henry James and the Philosophical Novel: Being and Seeing* (Cambridge Univ. Press, 1993).

(6) ジャン・クレイ『印象派』(高階秀爾監訳、中央公論社、一九八七年)、二八頁。

(7) William James, *The Meaning of Truth* [in *Pragmatism and The Meaning of Truth* (Harvard Univ. Press, 1975)], p. 206.

(8) William James, *Pragmatism* [in *Pragmatism and The Meaning of Truth* (Harvard Univ. Press, 1975)], p. 118.

(9) William James, *Pragmatism*, p. 118.

(10) *Ibid.*, p. 72.

(11) William James, *The Principles of Psychology* (Harvard Univ. Press, 1983), p. 15.

(12) Henry James, *The Portrait of A Lady*, ed. Robert D. Bamberg (W. W. Norton & Company, 1975), p. 357.
(13) John Carlos Rowe, *Henry Adams and Henry James*, p. 39.
(14) 『心理学原理』では、「考えの流れ」（'Stream of Thought'）とも呼ばれている。
(15) William James, *The Principles of Psychology*, pp. 224-225.
(16) *Ibid.*, p. 226.
(17) *Ibid.*, p. 227.
(18) *Ibid.*, p. 227.
(19) *Ibid.*, p. 232.
(20) William James, *Essays in Radical Empiricism. The Works of William James*, ed. Frederick H. Burkhardt (Harvard Univ. Press, 1976), pp. 46-47.
(21) William James, *A Pluralistic Universe. The Works of William James*, ed. Frederick H. Burkhardt (Harvard Univ. Press, 1977), p. 129.
(22) William James, *Pragmatism*, p. 97.
(23) William James, *Essays in Radical Empiricism*, p. 37.
(24) William James, *Pragmatism*, p. 107.
(25) William James, *A Pluralistic Universe*, p. 152.
(26) William James, *Essays in Radical Empiricism*, p. 39.
(27) *Ibid.*, p. 42.
(28) Henry Adams, *The Education of Henry Adams*, ed. Ernest Samuels. (Houghton Mifflin Company, 1973), p. 475.

＊本論考は、拙論「世紀の変わり目——ある円舞《ロンド》」（『英語英米文学』第三四集、中央大学英米文学会、

一九九四年二月、所収）をもとにして書かれたものである。

あとがき

思想家は、ときとして二度葬られることがあります。一度目は、生前、その思想を語った著作が人々に広く読まれないことにより。二度目は、死後、著作が広く人々の間で読まれながら、その思想が十分理解されないということによって。わたしが本書でとりあげたヘンリー・アダムズという人物も、そのような思想家の一人であります。

ヘンリー・アダムズは、一八三八年、ボストンに生まれました。アダムズ家は、二人もの大統領を輩出したアメリカ随一の名門であり、ヘンリー・アダムズは、生まれながらにして、政界入りを果たすべく、エリートコースを歩むことを義務づけられていたといえましょう。それゆえ、彼はハーヴァード大学に進学し、法律を学ぶためベルリン大学に留学し、その後イギリス公使である父の秘書となり、着々と政界への階段を昇っていきました。しかしながら彼は、政治の世界が学究肌の自分に向いていないことをつねづね自覚しており、また、一八七〇年前後のアメリカ政治の腐敗堕落ぶりを目にしたこともあって、自ら政界入りを断念してしまいます。彼は、アダムズ家の基準からすると「失敗者」ということになるのです。

この「失敗者」であるアダムズは、以後、活躍の場をジャーナリズムの世界に移し、『北米評論』などを中心に、政治、社会、文化にかんする評論活動を展開します。そしてそのかたわら、政治小説『デモクラシー』、思想小説『エスター』など様々な著書、論文を書きあらわしました。しかし、はありませんでした。

彼の思想の核心を語った著作は、私家版ということもあり、生前多くの人々に読まれるということ

アダムズは、第一次世界大戦のさなか、一九一八年にその八〇年にわたる生涯を閉じることになるのですが、彼の死後すぐに『ヘンリー・アダムズの教育』が公刊されます（私家版は一九〇七年）。この作品によって、彼の名は広く人々の知るところとなり、彼は、ルソーの『告白』、フランクリンの『自伝』に匹敵するすぐれた自伝の書き手として、アメリカ文学史に不動の地位を築くことになるのです。

このように、アダムズは死後になって人々に広く読まれ、高く評価されたのですが、自伝の著者としてのアダムズのイメージが強く打ち出された反面、思想家としてのアダムズの現代性、革新性は、必ずしも十分理解され、明らかにされることはありませんでした。より正確に言うなら、哲学・歴史学の通念・準拠枠（パラダイム）それ自体を批判した革新的な思想家としては十分論じられてきませんでした。

つまり、アダムズという思想家は、いわば「二度葬られた」のです。

しかしながら、一九八〇年代から九〇年代にかけて、事情は少々異なってきたようであります。それは、アダムズの作品、その思想性を、それまでとは違った「新しい」観点から、ラディカルに読みなおすという試みがようやくにしてなされるようになったということです。たとえば、その一つは、ヘイドン・ホワイトに端を発する「歴史の物語学派」の立場から、アダムズの作品をメタヒストリー（歴史についての歴史）として読む動きです（ヘイドン・ホワイトのアダムズ論［"Method and Ideology in Intellectual History: the Case of Henry Adams", in Dominick Lacapra and Steven L. Kaplan ed. *Modern European Intellectual History: Reappraisals and New Perspectives*, 1982〕は言うまでもなく、ロイス・ヒューソン、そしてわが国でも、林康次氏が、アダムズの作品の「メタヒストリー性」にかんする論考を書いています)。もう一つは、ポスト・モダニズム思想においてカオスの理論に対する関心が深まる中、アダムズのカオスに対する考え方を新たな視点から読み解こうとする動きです(キャサリン・ヘイルズはその代表格です〔*Chaos Bound*, 1990〕)。また、三つ目として挙げられるのが(すでに第二部、第一章「空白の(削除された)二〇年」で、ユージェニア・カレディンと巽孝之氏の論考について言及したことですが)、アダムズの作品を「セクシュアリティとエスニシティの点」から読みなおす試みです。

わたしは、アダムズを現代的な観点からラディカルに、新しく読みなおそうという意向、抱負を共にしているという点において、これら代表的な三つの批評的動向に(方法論的に全く同一ということではありませんが)与する者であります。すなわち、既成のアダムズ像にとらわれず、新しい視点から、アダムズを「その可能性の中心において読む」(柄谷行人)ことを志しているのです。

これが、本書を執筆するにいたった理由であります。

本書を構想してから完成に至るまで、三〇年近くの年月が過ぎ去りました。二〇代の終わりにアダムズを精力的に読み始め、『中央評論』(中央大学発行)という雑誌に「横断する知性――ヘンリー・アダムズの現代性」(一九九〇)という論考(本書の「序論」はこれをもとにしています)を発表したのが、研究の始まりです。それ以後、アダムズに関する論文、アダムズ論を収めた共著を発表するだけでなく、二〇〇〇年四月より一年間ワシントンD.C.に滞在した際、アダムズとワシントンD.C.の関係について実地調査を行いました。一例をあげるなら、アダムズの住んでいた家から見える光景は、アンドリュー・ジャクソン大統領の軍人時代の騎馬像とホワイトハウスとワシントン・モニュメントが重なり合って見える、アメリカの政治・歴史を象徴するような風景であることが、実地調査で初めて分かったということなどがあります。また、このとき、ワシントンD.C.のロック・クリーク墓地にある、ヘンリー・アダムズ夫妻の墓を訪ねることができました（そのとき撮った写真を本書の巻頭口絵に使用しました）。その後、ヨーロッパに取材旅行し、シャルトル大聖堂、ボーヴェ大聖堂をはじめとするゴシックのカテドラルを数多くめぐり、アダムズのテクストに対する理解と共感を、実体験をつうじて深めていこうとしました。こうして、本書は一歩一歩、地道に出来上がっていったのです。原稿がすべて完成したのは、第二部、第二章の「海をへだてた南北戦争」を脱稿した二〇一五年三月のことでした。アダムズ研究にこれほどのめりこむとは、全く予期しなかったことですが、ふたを開けてみれば、アメリカ文学・思想関係の初めての単著、いわばわたしの「処女作」を刊行するのに、リップ・ヴァン・ウィンクルさながら本人も自覚せぬまま、かくも幾星霜を経てきたことに、驚きを禁じえないといった感があります。

また、本書を執筆するにあたり、常にわたしを勇気づけ、刺激してくださった偉大な先行者が、刈田元司氏です。日本において今から五〇年以上前（ヘンリー・アダムズ研究がほとんど行われていなかった時代）に、アダムズの入門書ともいうべき『アメリカ文学の周辺』（タイトルにはアダムズの名は書かれていませんが、大半が、アダムズ論および「アダムズ研究の派生物」［刈田氏の

「はしがき」の中の言葉」である論考を収めています）を出版したことは、先見の明があり、実に驚くべきことです。わたしは残念ながら、刈田氏の謦咳に接し、講筵につらなる機会は持てませんでしたが、『アメリカ文学の周辺』という一冊の「アダムズ論」によってアダムズの世界に引き入れられていった研究者の一人です。拙著は、「アダムズの全体像」を、テクストの精密なラディカルな読みをとおして解明しようとした点では、わが国の嚆矢となる研究書を目指したものでありますが、核となる発想や視点自体（たとえば「空白の（削除された）二〇年」に注目するという発想）は、いまだ刈田氏の論の射程内にとどまっており、『アメリカ文学の周辺』の「派生物」にすぎないと言えるでしょう。アダムズについての本を出す者として、当然ながら、この「先行者」に満腔の敬意を表したいと思います。

さらには、この書のきっかけをつくり、わたしを励まし、批評的エールを送ってくださった多くの方々、あるいはチームや諸機関に心よりお礼を申し上げたいと思います。わたしをアメリカ文学の世界に導いてくださった大学院の指導教授の杉浦銀策氏、アメリカ文学を世界文学の総体の中でとらえることを強調された篠田一士氏、テクストを微細に精密に読むことの重要性を教えていただいた土岐恒二氏など、東京都立大学の先生方の学恩は計り知れないものがあります。

中央大学人文科学研究所のスタッフの方々、および本研究所の「研究会チーム」（「批評理論とアメリカ文学研究」および「アメリカ・イデオロギーの方法とアメリカン・テクスツ」）の先生方（福士久夫氏［中央大学］がリーダー）にも、ひとかたならぬお世話と御指導をいただきました。アダムズにかんする研究発表の機会を与え、「人文科学研究所研究叢書」にアダムズ論の執筆の機会を提供してくださった、中央大学人文科学研究所（のスタッフおよび研究会チーム）の存在なくしては、本書の成立はなかったといっても過言ではありません。

日本アメリカ文学会の先生方にも、厚く御礼申し上げます。カレディンなど新たな批評的動向を直接御教示いただいたばかりか、新しいアダムズ像を犀利な論考において提示された巽孝之氏（慶應大学）、「アダムズとシャルトル」にかんする口頭発表の機会を与えてくださった難波雅紀氏（実践女子大学）、懇親の場でアダムズにかんする拙論を長時間聞いていただき、賀状でしばしば単著の刊行を促してくださった田中久男氏（広島大学［当時］）に、深甚なる敬意と感謝の念を表わしたいと思います。

最後に、本書（新装版）の編集、出版にかんしては、英宝社の下村幸一氏にいろいろとご迷惑をおかけし、さまざまな点で貴重なアドバイスをいただきました。衷心より感謝の意を表したいと思います。

そして何よりも、わたしの家族に心から感謝したいと思います。本書に収められた論考を執筆するにあたり、かくも長きにわたり、常に心のよりどころとなり、あたたかく見守ってくれたわたしの家族（今は亡き家族もふくめて）に、本書をささげたいと思っております。

二〇一九年　三月二七日（アダムズの命日）

岡本　正明

ヘンリー・アダムズ主要参考文献（主として単行本）

1　著作（作品および書簡）

Chapters of Erie and Other Essays（with Charles Francis Adams, Jr.）. Boston: James R. Osgood and Co., 1871（Ithaca: Cornell Univ. Press, 1956）.

The Degradation of the Democratic Dogma. New York: Macmillan Co., 1919（New York: Peter Smith, 1949）.

Democracy: An American Novel（published anonymously）. New York: Henry Holt and Co., 1880.

The Education of Henry Adams. Boston: Massachusetts Historical Society, 1918（Washington: privately printed, 1907）.

*Esther: A Nove*l（under the pseudonym of Frances Snow Compton）. New York: Henry Holt and Co., 1884.

Historical Essays. New York: Charles Scribner's Sons, 1891.

History of the United States of America during the Administrations of Thomas Jefferson and James Madison. 9vols. New York: Charles Scribner's Sons, 1889–1891.

John Randolph. Boston: Houghton Mifflin Co., 1882（Edited by Robert McColley. New York, : M. E. Sharpe, 1996）.

The Letters of Henry Adams. Edited by J. C. Levenson, Ernest Samuels, Charles Vandersee, and Viola Hopkins Winner. Cambridge: Harvard Univ. Press, Vols.1–3（1982）, Vols.4–6（1988）.

The Life of Albert Gallatin. Philadelphia: J. B. Lippincott, 1879（New York: Peter Smith,1943.）.

The Life of George Cabot Lodge. Boston: Houghton Mifflin Co., 1911 (New York: Scholars' Facsimiles & Reprints, 1978).

Memoirs of Arii Taimai. Paris: privately printed, 1901 (originally published in 1893, privately printed) (*Tahiti*. New York: Scholars' Facsimiles & Reprints, 1947).

Mont-Saint-Michel and Chartres. Boston: Houghton Mifflin Co., 1913 (Washington: privately printed, 1904).

ヘンリー・アダムズの主要作品は「ライブラリー・オブ・アメリカ」に収められている。

History of the United States of America during the Administrations of Thomas Jefferson. Edited by Earl N. Harbert. New York: The Library of America, 1986.

History of the United States of America during the Administrations of James Madison. Edited by Earl N. Harbert. New York: The Library of America, 1986.

Novels, Mont-Saint-Michel and Chartres, The Education of Henry Adams. Edited by Ernest Samuels. New York: The Library of America, 1986.

『ヘンリー・アダムズの教育』と『モン・サン・ミシェルとシャルトル』に関しては、たくさんの版が出ており、入手しやすいのは、ペンギンクラシックス版である。また、二〇〇七年には、『ヘンリー・アダムズの教育』の私家版刊行百周年を記念して、決定版と言えるテクストが出版された（*The Education of Henry Adams: A Centennial Version*. Edited by Edward Chalfant and Conrad Edick Wright. Boston: Massachusetts Historical Society, 2007.）。

2 伝記（および伝記に類するもの）

Adams, James Truslow. *The Adams Family*. New York: The Literary Guild, 1930.

Brookhiser, Richard. *America's Dynasty: The Adamses, 1735-1918.* New York: Free Press, 2002.
Chalfant, Edward. *Both Sides of the Ocean: A Biography of Henry Adams, His First Life, 1838-1862.* Hamden: Archon Books, 1982.
——. *Better in Darkness: A Biography of Henry Adams, His Second Life, 1862-1891,* Hamden: Archon Books, 1994.
——. *Improvement of the World: A Biography of Henry Adams, His Last Life, 1891-1918.* Hamden: Archon Books, 2001.
Nagel, Paul C. *Descent from Glory: Four Generations of the John Adams Family.*New York: Oxford University Press, 1983.
O'Toole, Patricia. *The Five of Hearts: An Intimate Portrait of Henry Adams and His Friends 1880-1918.* New York: Simon and Schuster, 1990.
Samuels, Ernest. *The Young Henry Adams.* Cambridge: Harvard Univ. Press, 1948.
——. *Henry Adams: The Middle Years.* Cambridge: Harvard Univ. Press, 1958.
——. *Henry Adams: The Major Phase.* Cambridge: Harvard Univ. Press, 1964.
Stevenson, Elizabeth. *Henry Adams: A Biography.* New York: Macmillan, 1956.
Thoron, Ward ed.（Introduction by Cokie Roberts）*The First of Hearts: Selected Letters of Mrs. Henry Adams, 1865-1883.* Willowbank Books, 2011（Boston: Little Brown & Co., 1936）.

アーネスト・サミュエルズの三部作は、ヘンリー・アダムズの伝記の決定版である。

3　研究書

（1）単独のもの

Auchincloss, Louis. *Henry Adams* (University of Minnesota Pamphlets on American Writers/Number 93). Minneapolis: Univ. of Minnesota Press, 1971.

Bailey, Abrahamson. *Henry Adams and Medieval Culture: "Mont-Saint-Michel and Chartres" as History, Literature, and Philosophy*. A Bell&Howell Company, 1998 (University Microfilms International, 1982).

Baym, Max I. *The French Education of Henry Adams*. New York: Columbia Univ. Press, 1951.

Bishop, Ferman. *Henry Adams*. (Twayne's United States Authors Series) Boston: Twayne Publishers, 1979.

Blackmur, R. P. *Henry Adams*. New York: Harcourt Brace Jovanovich Inc., 1980.

Conder, John J. *A Formula of His Own: Henry Adam's Literary Experiment*. Chicago: Univ. of Chicago Press, 1970.

Contosta, David R., and Robert Muccigrosso, ed. *Henry Adams and His World*. Philadelphia: American Philosophical Society, 1993.

Cunningham Jr., Noble E. *The United States in 1800: Henry Adams Revisited*. Charlottesville: Univ. Press of Virginia, 1988.

Decker, William Merrill. *The Literary Vocation of Henry Adams*. Chapel Hill: Univ. of North Carolina Press, 1990.

Decker, William Merrill, and Earl N. Harbert. *Henry Adams and the Need to Know*. Boston: Massachusetts Historical Society, 2005.

Donovan, Timothy Paul. *Henry Adams and Brooks Adams: The Education of Two American Historians*. Norman: Univ. of Oklahoma Press, 1961.

Dusinberre, William. *Henry Adams: The Myth of Failure*. Charlottesville: Univ. of Virginia Press, 1980.

Harbert, Earl N., ed. *Critical Essays on Henry Adams*. Boston: G. K. Hall, 1981.

——. *The Force So Much Closer to Home: Henry Adams and the Adams Family*. New York: New York Univ. Press, 1977.

Hochfield, George. *Henry Adams: An Introduction and Interpretation*. New York: Barns and Noble, 1962.

Hume, Robert A. *Runaway Star: An Appreciation of Henry Adams*. Westport: Greenwood Press, Publishers, 1951.

Jacobson, Joanne. *Authority and Alliance in the Letters of Henry Adams*. Madison: Univ. of Wisconsin Press, 1992.

Jordy, William H. *Henry Adams: Scientific Historian*. New Haven: Yale Univ. Press, 1952.

Kaledin, Eugenia. *The Education of Mrs. Henry Adams*. Philadelphia: Temple Univ. Press, 1981.

Kaplan, Harold. *Power and Order: Henry Adams and the Naturalist Tradition in American Fiction*. Chicago: Univ. of Chicago Press, 1981.

Levenson, J. C., *The Mind and Art of Henry Adams*. Stanford: Stanford Univ. Press, 1957.

Lyon, Melvin. *Symbol and Idea in Henry Adams*. Lincoln: Univ. of Nebraska Press, 1970.

Mane, Robert. *Henry Adams on the Road to Chartres*. Cambridge: Harvard Univ. Press, 1971.

Murray, James G. *Henry Adams*. New York: Twayne Publishers Inc., 1974.

O'Brien, Michael. *Henry Adams and the Southern Question*. Athens: Univ. of Georgia Press, 2005.

Rowe, John Carlos. *Henry Adams and Henry James: The Emergence of a Modern Consciousness*. Ithaca: Cornell Univ. Press, 1976.

——, ed. *New Essays on* The Education of Henry Adams. Cambridge: Cambridge Univ. Press, 1996.

Scheyer, Ernst. *The Circle of Henry Adams: Art and Artists*. Detroit: Wayne State Univ. Press, 1970.

Simpson, Brooks D. *The Political Education of Henry Adams*. Columbia: Univ. of South Carolina Press, 1996.

Taylor, Natalie Fuehrer, ed. *A Political Companion to Henry Adams*. Lexington: The Univ. Press of Kentucky, 2010.

Tehan, Arline Boucher. *Henry Adams in Love: The Pursuit of Elizabeth Sherman Cameron*. New York: Universe Books, 1983.

Wagner, Vern. *The Suspension of Henry Adams: A Study of Manner and Matter*. Detroit: Wayne State Univ. Press, 1969.

Wills, Gary. *Henry Adams and the Making of America*. New York: Houghton Mifflin, 2005.

Young, James P. *Henry Adams: The Historian as Political Theorist*. Lawrence: Univ. Press of Kansas, 2001.

（2）言及のあるもの

Bercovich, Sacvan. *The American Jeremiad*. Madison: Univ. of Wisconsin Press, 1978.

Bush, Clive. *Halfway to Revolution: Investigation and Crisis in the Works of Henry Adams, William James and Gertrude Stein*. New Haven: Yale Univ. Press, 1991.

Byrnes, Joseph F. *The Virgin of Chartres*. Fairleigh Dickinson Univ. Press, 1981.

Cargill, Oscar. *Toward a Pluralistic Criticism*. Southern Illinois Univ. Press, 1965.

Dawidoff, Robert. *The Genteel Tradition and the Sacred Rage: High Culture vs. Democracy in Adams, James, and Santayana*. Chapel Hill. The Univ. of North Carolina Press, 1992.

Gatta, John. *American Madonna: Images of the Divine Woman in Literary Culture*. Oxford Univ. Press, 1997.

Hayles, N. Katherine. *Chaos Bound: Orderly Disorder in Contemporary Literature and Science*. Ithaca: Cornell Univ. Press, 1990.

Hughson, Lois. *From Biography to History: The Historical Imagination and American Fiction, 1880–1940*. Charlottesville: Univ. Press of Virginia, 1988.

Lewicki, Zbigniew. *The Bang and the Whimper: Apocalypse and Entropy in American Literature*. Westport: Greenwood Press, 1984.

Loewenberg, Bert James. *American History in American Thought: Christopher Columbus to Adams*. Simon and Schuster, 1972.

Milne, Gordon. *The American Political Novel*. Norman: Univ. of Oklahoma Press, 1966.

Mizruchi, Susan L. *The Power of Historical Knowledge*. Princeton: Princeton Univ. Press, 1988.

Moreland, Kim. *The Medievalist Impulse in American Literature*. Charlottesville: University Press of Virginia, 1996.

Porter, Carolyn. *Seeing and Being: The Plight of the Participant Observer in Emerson, James, Adams and Faulkner*. Middletown: Western University Press, 1981.

Sayer, Robert F. *The Examined Self: Benjamin Franklin, Henry Adams, Henry James*. Princeton: Princeton Univ. Press, 1964.

Sperry, Joseph Putnam. *Henry Adams and Thomas Pynchon: The Entropic Movements of Self, Society and Truth*. The Ohio State University, ProQuest Dissertations Publishing, 1974.

Stone, Albert E. *Autobiographical Occasions and Original Acts from Henry Adams to Nate Shaw*. University of Pennsylvania Press, 1982.

Van Oostrum, Duco. *Male Authors, Female Subjects: The Woman within/beyond the Borders of Henry Adams, Henry James and Others*. Amsterdam: Rodopi, 1995.

Wasserstrom, William. *The Ironies of Progress: Henry Adams and the American Dream*. Carbondale and Edwardsville: Southern Illinois University Press. 1984.

White, Hayden. "Method and Ideology in Intellectual History: The Case of Henry Adams", in *Modern European Intellectual History: Reappraisals and New Perspectives.* Ed. by Dominick Lacapra and Steven L. Kaplan. Ithaca: Cornell Univ. Press, 1982.

ここに記した、アダムズに関する研究書のほかにも、アダムズについての研究書、雑誌論文等は多数あるが、それについてはアール・ハーバートのレファレンス・ガイド（Harbert, Earl N. *Henry Adams: A Reference Guide.* Boston: G. K. Hall&Co., 1978）を参照のこと。この書は、一九七五年までのアダムズ関係の文献を掲載している。しかし、一九七五年までの文献を完全に網羅しているわけではなく（またその後の批評的動向を知る上でも）、すでにリストアップした以下の研究書に付されている文献リストも、合わせて参照するとよいだろう（Baym. *The French Education of Henry Adams,* Bishop. *Henry Adams,* Decker. *The Literary Vocation of Henry Adams,* Donovan. *Henry Adams and Brooks Adams,* Hume. *Runaway Star,* Mane. *Henry Adams on the Road to Chartres,* Rowe ed. *New Essays on* The Education of Henry Adams, Simpson. *The Political Education of Henry Adams,* Taylor ed. *A Political Companion to Henry Adams.*）。

また、次の二冊の研究書の巻末には、ヘンリー・アダムズ研究・批評史にかんするエッセイが記されている（Simpson. *The Political Education of Henry Adams,* Lyon. *Symbol and Idea in Henry Adams*）。合わせて参照することをお薦めする。

4　日本における研究

日本におけるヘンリー・アダムズに関する論考は、極めて少ない。以下では、主な雑誌論文も含めてリストアップしたいと思う。

井戸桂子『碧い眼に映った日光――外国人の日光発見』（下野新聞社、二〇一五年）

――「ヘンリー・アダムズ、三か月の日本教育――アメリカ・エリートの異文化体験」（『日本文化研究（二）、道元禅師生誕八百年記念号』、二〇〇〇年

岩瀬悉有「マネキン人形から蜘蛛へ――『ヘンリー・アダムズの教育』についての一つの考察」（『人文研究』三一（七）、一九七九年）

大井浩二「伝記作家としてのヘンリー・アダムズ――『ジョージ・キャボット・ロッジ伝』の場合」（『英米文学』四〇（一）、一九九五年）

――「ヘンリー・アダムズとシカゴ万国博覧会」（『人文論究』四三（一）、一九九三年）

岡本正明「横断する知性――ヘンリー・アダムズの現代性――」（中央大学人文科学研究所編『批評理論とアメリカ文学』〔研究叢書　一二〕、中央大学出版部、一九九五年、所収）

――「『ヘンリー・アダムズの教育』補記―空白の（削除された）二〇年」（中央大学人文科学研究所編『イデオロギーとアメリカン・テクスト』〔研究叢書二四〕、中央大学出版部、二〇〇〇年、所収）

加藤由里子「ヘンリー・アダムズというペルソナの功罪―『ヘンリー・アダムズの教育』についての考察」（*Metropolitan*（四四）、二〇〇〇年）

刈田元司『アメリカ文学の周辺』（研究社、一九六二年）

――「ヘンリー・アダムズ」（尾形敏彦編『アメリカ文学の自己発見―十九世紀末までのアメリカ文学―』、山口書店、一九八一年、所収）

――「ヘンリー・アダムズと日本」（東京アメリカ文化センター編『日米文化交流の百年』、アメリカ大使館広報文化局出版部、一九六八年、所収）

――「『ヘンリー・アダムズの教育』を読む」（島田謹二ほか著『連枝の世紀』透土社、一九九〇年、所収）

――「ヘンリー・アダムズのノスタルジア」（岩山太次郎編『金メッキ時代とアメリカ文学』、山口書店、一九八七年、所収）

後藤昭次「ヘンリー・アダムズとデモクラシーとヨーロッパ」一、二（『英語青年』一一六（一一―一二）、一九七〇年）
――「ヘンリー・アダムズにおける中世」（『一橋論叢』七一（三）、一九七四年）
小西邦太郎「ヘンリ・アダムズの小説『デモクラシー』について」（『山口大学文学会誌』一九（二）、一九六八年）
志邨晃佑「商業主義の衝撃―ヘンリー・アダムズ」（大橋健三郎、加藤秀俊、斎藤真編『講座　アメリカの文化　第三巻』、南雲堂、一九六九年、所収）
巽孝之「ヘンリー・アダムズの教育」（『ユリイカ―総特集二〇世紀を読む―』、一九九七年四月）
田中剛「ヘンリー・アダムズ『ジョージ・キャボット・ロッジ伝』――詩人の運命」（『英學論考』五、一九七四年）
――「『ヘンリー・アダムズの教育』――構成をめぐって」（『東京学芸大学紀要』第二部門、人文科学二五、一九七四年）
――「ヘンリー・アダムズの詩――Buddha and Brahma と Prayer to the Virgin of Chartres」（『英學論考』六、一九七四年）
――「ヘンリー・アダムズ『歴史に適用した相律』」（『東京学芸大学紀要』第二部門、人文科学三三、一九八二年）
――「『モン・サン・ミシェルとシャルトル』」（『東京学芸大学紀要』第二部門、人文科学三四、一九八三年）
中野博文「失われてゆく市民としての私――ヘンリ・アダムズのもとに集まった女性たちと門戸開放帝国主義」（『中・四国アメリカ研究』（六）、二〇一三年）
――『ヘンリ・アダムズとその時代―世界大戦の危機とたたかった人々の絆』（彩流社、二〇一六年）
中野好夫「アメリカのハムレット―ヘンリ・アダムズ」（『展望』（五〇）、一九五〇年）
林康次「ヘンリー・アダムズの『歴史』と虚構―メタヒストリーへの軌跡」（『愛媛大学法文学部論集』人

文科学科編（一〇）、二〇〇一年）
日南田一男「ヘンリー・アダムズとR・L・スティヴンスンと中島敦―サモアでのある出会いをめぐって―一―」（『武蔵大学人文学会雑誌　一四（三）、一九八二年』）
樋口日出雄「ヘンリー・アダムズの日本旅行」（『英文学研究』（六）、一九七〇年）
本間長世「伝統の継承と革新―ヘンリー・アダムズとアメリカ史の意味―」（阿部斉ほか編『世紀転換期のアメリカ―伝統と革新―』東京大学出版会、一九八二年、所収）
松山信直「ヘンリー・アダムズの世紀末――歴史の科学に向かって」（『アメリカ研究』、（二二）、一九八八年）
村形明子「ヘンリー・アダムズの東遊」（岩山太次郎編『金メッキ時代とアメリカ文学』、所収）
吉国浩哉「唯物論者の祈り――『ヘンリー・アダムズの教育』について」（*Strata*,（一七）二〇〇三年）
米山美穂「ヘンリー・アダムズと女性――「女性の原初的権利」、『デモクラシー』、『エスター』と彼の女性観」（『アメリカ研究』（三〇）、一九九六年）

その他、ヘンリー・アダムズの作品の邦訳として、以下のようなものがあげられる。

『ヘンリー・アダムズの教育』（刈田元司訳、教育書林、一九五五年［八潮出版社、一九七一年］）
『ヘンリー・アダムズの教育』の書き出し部分は、柴田元幸氏によっても翻訳されている（柴田元幸編訳『書き出し「世界文学全集」』河出書房新社、二〇一三年）。
『モン・サン・ミシェルとシャルトル』（野島秀勝訳、叢書ウニベルシタス八〇八、法政大学出版局、二〇〇四年）

また、ヘンリー・アダムズが来日した際の手紙の一部が、川西進氏によって翻訳されている（「日本からの手紙」『アメリカ古典文庫二二 アメリカ人の日本論』、研究社、一九七五年、所収）。

索引（人名・書名）

サ行

タ行

ナ行

ハ行

ヤ行

ラ行

ワ行

著者紹介――岡本　正明（おかもと・まさあき）

中央大学教授。1960年東京都に生まれる。1983年東京大学文学部英文科卒業。東京都立大学助手等を経て、1999年より現職。主な著書に、『アメリカ史の散歩道』（中央大学出版部）、『小説より面白いアメリカ史』（中央大学出版部）、『批評理論とアメリカ文学』（共著・中央大学出版部）、『英米文学つれづれ草―もしくは、「あらかると」』（朝日出版社）、『アルタモント、天使の詩―トマス・ウルフを知るための10章』（英宝社）、訳書に『フィンランド駅へ』（みすず書房）などがある。

横断《おうだん》する知性《ちせい》
――アメリカ最大の思想家・歴史家　ヘンリー・アダムズ――
（新装版）

初版第一刷 ―― 2016年11月30日（近代文藝社）
初版第二刷 ―― 2018年 3月 1日（近代文藝社）
新装版 ―― 2019年 8月30日

著者　岡本　正明

発行者　佐々木　元

制作・発行所　株式会社　英　宝　社
〒101-0032 東京都千代田区岩本町2-7-7
Tel［03］（5833）5870　Fax［03］（5833）5872

ISBN978-4-269-73022-9　C3098
［組版・印刷・製本：日本ハイコム株式会社］